10 Tage zur Beziehung mit Gott

Danksagung

*Dank sei dem Heiligen Geist,
der mich beim Schreiben dieses Buches inspiriert hat.*

MAËLLE HENNOU

10 Tage zur Beziehung mit Gott

Bibliografische Information der Deutschen Nationalbibliothek

Die Deutsche Nationalbibliothek verzeichnet diese
Publikation in der Deutschen Nationalbibliografie; detaillierte
bibliografische Daten sind im Internet über http://dnb.d-nb.de
abrufbar.

Umschlagdesign, Satz, Herstellung und Verlag:
BoD – Books on Demand, Norderstedt
ISBN 978-3-7347-2467-1

Inhalt

Teil 2 – 5 Tage zur Beziehung mit Gott

Einleitung

In diesem Buch lade ich dich ein, eine Beziehung zu Gott zu beginnen. An 10 Tagen führe ich dich Schritt für Schritt durch grundlegende Themen dieser Beziehung. Dabei teile ich immer wieder eigene Erfahrungen aus meinem Leben – sie sollen zusammen mit den Bibelstellen und Gedanken, die ich erkläre, dein Herz berühren. Dazu kommen Fragen und Impulse für dich, die du am besten schriftlich in einem Heft für dich beantwortest.

Wenn du Jesus Christus schon als deinen Retter angenommen hast, wird dir dieses Buch dennoch neue Kenntnisse über ihn schenken und dein geistliches Leben noch bereichern. Vielleicht glaubst du nicht oder bist skeptisch, den Glauben zu wagen. Dann könntest du dich entscheiden, mehr über Gott zu lesen. Ohne über ihn zu recherchieren, kannst du nicht so leicht etwas über ihn wissen. Sind manche Stellen in diesem Buch nicht so verständlich für dich, bete und frag ständig den Heiligen Geist, bis er dir die Klarheit darüber schenkt. Auch wenn du nicht glaubst, trotzdem aber neugierig bist, kannst du dir selbst eine Bibel anschaffen und den Heiligen Geist rufen, dass er dir beim Verständnis seines Wortes hilft.

Ich wünsche dir, dass du bereits am Ende des ersten Kapitels dieses Buches die Überzeugung erlangst, dass Gott existiert und dass er dein Schöpfer ist. **Es ist sehr leicht**, zu behaupten, dass Gott nur eine Vorstellung ist – nur, weil du ihn nicht siehst. Es ist wie wenn du behaupten würdest, dass z.B. der amerikanische Präsident nicht existiert. Du denkst dir jetzt, dass niemand das behaupten kann, weil jeder ihn kennt oder sehen kann. Dies wäre aber nicht möglich, wenn die Technologie nicht so entwickelt wäre, dass wir andere Menschen sehen können, auch wenn sie weit entfernt von uns sind. Ich weiß, dass du noch ein Argument herausholst, das deinen Unglauben verstärken oder begründen soll: Nämlich, dass jeder wenigstens vom amerikanischen Präsident hören kann, weil er ein Mensch ist und über Amerika regiert. Dazu sieht man ihn im Fernseher. Über seine Existenz kann niemand streiten. Gott sieht aber niemand. Das denkst du sicher, oder? Meinst du auch, dass niemand von Gott hört? Gott sieht man natürlich nicht, weil er Geist ist! Wenn man ihn sehen würde, würde man nicht von Glauben sprechen. Meine Worte hier wären nicht nötig. Und das ist genau die Herausforderung für dich. Du willst nicht an jemanden glauben, den du nicht siehst. Welchen Sinn hätte dann das Wort »Glauben«? Wir hören aber oft von Gott! In den Gemeinden, Predigten, in Zeugnissen usw. Und das reicht, um an ihn zu glauben. **Es ist doch noch viel leichter,** – wenn wir ehrlich mit uns selbst sind – zu glauben, dass das ganze Universum nicht durch Zufall entstehen konnte:

*Gott ist zwar unsichtbar, doch an seinen Werken, der Schöpfung, haben die Menschen seit jeher seine ewige Macht und göttliche Majestät sehen und erfahren können. Sie haben also keine Entschuldigung. (**Römer 1,20**)*

Lies das ganze Kapitel **Römer 1**. Jesus Christus sagt auch etwas Schönes bezüglich des Glaubens. Er führt in einer seiner Reden einen Vergleich mit der Herzenshaltung eines Kindes ein, das unschuldig und naiv an sein gutes Wort glaubt:

*Ich versichere euch: Wer sich Gottes Reich nicht wie ein Kind schenken lässt, der wird ganz sicher nicht hineinkommen. (**Markus 10,15**)*

Gott – Jesus Christus möchte nicht, dass du, wie ein Erwachsener, der denkt, alles zu wissen und sich nicht belehren lassen will, dein Herz verstockst. Er wünscht, dass du ihm vertraust, dass du an seine Worte glaubst, auch wenn du ihn nicht siehst. Schließlich erwartet und verlangt er nichts Schlechtes von dir, sondern er will nur, dass du an ihn glaubst, ihn und deine Nächsten liebst, mit seiner Hilfe rein und heilig lebst. Er erwartet auch nicht von dir, dass du nur an ihn glaubst, und nicht über ihn suchst, liest, hörst, fragst usw. Du sollst Neugier zeigen und Gott verstehen und erfahren wollen. Er lässt sich von den Leuten finden, die ihn suchen:

Wenn ihr mich sucht, werdet ihr mich finden. Ja, wenn ihr von ganzem Herzen nach mir fragt, will ich mich von euch finden lassen. Das verspreche ich, der HERR. Ich werde euer Schicksal zum Guten wenden: Aus allen Ländern und Orten, in die ich euch zerstreut habe, will ich euch wieder sammeln und in das Land zurückbringen, aus dem ich euch damals fortgejagt habe. Darauf könnt ihr euch verlassen! **(Jeremia 29,13-14)**

Der HERR ist denen nahe, die zu ihm beten und es ehrlich meinen. Er erfüllt die Bitten der Menschen, die voll Ehrfurcht zu ihm kommen. Er hört ihren Hilfeschrei und rettet sie. **(Psalm 145,18-19)**

Ich habe ihn gesucht – zwar lange, seit meiner Ankunft in diesem fremden Land, in dem ich meine schlimmsten Erfahrungen gemacht habe. Es war hart. Manchmal ging es mir natürlich gut. Ich habe aber nicht aufgehört, ihn zu suchen, weil alles gut lief. Auch während der schwierigen Zeiten – in der Traurigkeit, Enttäuschung, in Schwierigkeiten, Tränen, im Zweifel, Mangel, Leid usw. – bin ich immer letztendlich wieder zu ihm gekommen, nachdem der Eifer für ihn nachgelassen hat. Tage, Monate Jahre habe ich verbracht, um sein Wort zu lesen, darüber zu meditieren, meinen Nächsten zu lieben, seine Satzungen zu befolgen. Ich bin immer dabei. Angekommen bin ich noch nicht, sowie der Apostel Paulus es sagt:

Wie gesagt, meine lieben Brüder und Schwestern, ich weiß genau: Noch bin ich nicht am Ziel angekommen.
(Philipper 3,13)

Lies **Philipper 3, 12-15**. Solange seine irdische Hülle auf dieser Erde verweilt, wandelt der Mensch, der an Jesus Christus glaubt, auf dem Weg der Vollkommenheit, bis er zu Gott, seinem Schöpfer zurückkehrt und perfekt wird, so wie Gott ihn erschaffen hat. Er soll nur nicht den Fehler begehen, das Streben nach Gott zu unterlassen.

In meiner Beziehung mit Gott erlebe ich Vielfältiges: Offenbarungen, Zeichen, Wunder usw. Das aber nur, weil ich die Reise mit ihm gewagt habe und sie nicht unterbreche. Sonst hätte ich bis heute nichts von ihm gewusst und würde keinen echten und tiefen Glauben an ihn haben. Ich lade dich auch dazu ein, – egal, was du erleben magst, ob du an ihn glaubst oder nicht – Jesus Christus in deinem Leben zu empfangen und ihn deine Nummer eins werden zu lassen. Such ihn vom ganzen Herzen – so wie du einen Schatz suchen würdest, den du verloren hast. Er wird sich von dir finden lassen. Sag nicht, dass es keine Kriege, Armut und Probleme auf der Welt geben würde, wenn er existierte. Denn so behauptest du etwas, was du nicht weißt. Und du wärest auch dabei, dich selbst mit diesen Worten zu richten, denn Jesus Christus hat gesagt, dass wer nicht an ihn glaubt, schon gerichtet ist:

Wer an ihn glaubt, der wird nicht verurteilt. Wer aber nicht an ihn glaubt, über den ist das Urteil damit schon gesprochen. Denn er weigert sich, Gottes einzigem Sohn zu vertrauen. (Johannes 3,18)

Das Leid in der Welt ist nichts anderes als die Konsequenz des Ungehorsams des Menschen. Gott hat Adam und Eva davor gewarnt. Er hat ihnen deutlich eingeschärft, die verbotene Frucht nicht zu essen, das heißt, nicht zu sündigen, sonst werden sie sterben:

Dann schärfte er ihm ein: »Von allen Bäumen im Garten darfst du essen, nur nicht von dem Baum, der dich Gut und Böse erkennen lässt. Sobald du davon isst, musst du sterben!« (1. Mose 2,16-17)

Das haben sie aber getan und sind folglich gestorben. Es handelt sich um einen geistlichen Tod. Sie waren von da an Gottes Geist nicht mehr untertan, sondern dem Geist, dem sie gehorcht haben, nämlich dem Teufel. Und der Teufel ist bereits tot. Er ist für die Hölle bestimmt, weil er Gott nicht gehorcht hat. Er war erheblich, hochmütig und wollte Gott gleich sein. Da hat Gott ihn verstoßen und vom Himmel abgewiesen. Aus ihm kommt nichts Gutes. Er ist das ganze Gegenteil von der Güte geworden, zu der Gott ihn und jeden Menschen bestimmt hat. Was sein Geist verursacht (Tod: Krankheiten, Konflikte und Kriege, Armut, Misserfolg, Hass usw.) ist das komplette Gegenteil von Gottes Liebe, die uns nur Gutes wünscht. Da das Geistliche das Wichtigste am Menschen ist und wir Geister waren, bevor Gott uns einen Körper verliehen hat, ist es dann logisch, dass alles, was wir erleben vom Geist kommt/fließt. Da der Geist aber vom Teufel verseucht wurde, fließen Schmerzen und Leid in unsere

Seelen und Körper. Denn so der Geist, so die Seele und so der Körper.

Das Schicksal Adams und Evas ist auch unser Schicksal, weil wir von ihnen stammen. Die Konsequenzen ihres Ungehorsams, zeigen sich dadurch, dass die Generationen nach ihnen auch sündigen und leiden.

Uns sagt Gott auch alles in seinem Wort, was wir beachten sollen. Trotzdem wollen die meisten Menschen nicht glauben und leben lieber nach ihrem Gutdünken. Wir sollen also nicht sündigen und dann denken, dass er nicht existiert. Wenn du ihm nicht gehorchst, sollst du auch nicht erwarten, dass er dir alles gibt.

Ich habe angefangen das vorliegende Buch zu schreiben, als ich in einer Zeit Arbeitslosigkeit fastete, um Gottes Lenkung für mein Leben zu erfahren. Ich las auch öfter die Bibel und meditierte wie gewöhnlich darüber. Außerdem ist dieses Werk entstanden, weil ich es gut finde und immer davon träume, die Wahrheiten, die ich bei meiner Suche nach Gott entdeckt habe, mit den Menschen zu teilen. Ich selber konnte von anderen hören und lesen, wie sie zu Gott gefunden haben und was sie über Gott erzählen. Das hat mich motiviert Gott zu suchen, aufgebaut und in meinem Glauben gestärkt. Warum soll ich das geheim halten, was Gott mir sagt und für dich heilsam sein kann? Warum sollte ich die Kette brechen, die Gott eröffnet hat, um sein Reich zu erweitern? Du gehörst auch zum Reich Gottes! Glaub es, weil es die pure Wahrheit ist.

Ohne dich lange warten zu lassen, lade ich dich ein, dir 10 gute Tage zu gönnen, um in den folgenden Kapiteln in Gottes Nähe und Liebe einzutauchen. Ich erinnere dich noch kurz daran, dass GOTT DICH SO SEHR LIEBT. Alles, was er von dir erwartet, ist dass du den Weg zurück zu ihm findest: Dieser Weg heißt **JESUS CHRISTUS**. Den **Glauben** an **IHN** brauchst du! Auch die SICHERHEIT, dass er dich liebt, egal wie du bist und was du getan hast. Diese SICHER-HEIT bekommst du in seinem **WORT** und wenn du eine **BEZIEHUNG** mit ihm eingehst.

*Denn nur durch seine unverdiente Güte seid ihr vom Tod gerettet worden. Das ist geschehen, weil ihr an Jesus Christus glaubt. [...] **(Epheser 2,8)***

Teil 1 –
5 Tage zur Erkenntnis Gottes

Gottes große Liebe für uns

TAG 1

Wer ist Gott?

Damit du überhaupt zur Entscheidung kommen kannst, mit Gott eine Beziehung zu pflegen, musst du etwas über Gott wissen. Du solltest wissen, wer Gott ist, damit in dir die Überzeugung reifen kann: Ja, es hat Sinn und ist wichtig, mit Gott verbunden zu sein. Ich hoffe, du bist mit mir in diesem Punkt einig. Wie sonst kann ein Mensch Gemeinschaft mit einem anderen pflegen, wenn er nichts von ihm weiß? Vielleicht kennst du Gott bereits: Wenn ja, freue ich mich für dich – diese Impulse werden dir sicher trotzdem behilflich sein. Wenn nein, erhältst du nun die Gelegenheit, etwas über ihn zu erfahren. Natürlich ist das nur ein Anfang – wenn du diesen Weg weitergehst, wirst du nie aufhören, Gott kennenzulernen und mehr über ihn zu erfahren.

Bitte lies aufmerksam die folgenden Bibelverse, die dich etwas über Gott lehren:

> *Im Anfang schuf Gott den Himmel und die Erde. (1. Mose 1,1)*

> *Ehe denn die Berge wurden und die Erde und die Welt geschaffen wurden, bist du, Gott, von Ewigkeit zu Ewigkeit. (Psalm 90,2)*

Lass diese Sätze auf dich wirken. Lies sie ruhig zwei- oder dreimal.

Wie es diesen Bibelversen zu entnehmen ist, **war Gott am Anfang**. Da existiertest du als Mensch noch nicht. Niemand existierte. Adam und Eva waren auch noch nicht da. Aber

Gott war. Und er schuf den Himmel und die Erde, auf der du lebst. Wissenschaftler sprechen vom Urknall als dem Anfang, der Entstehung von Dingen, die unsere Sinne wahrnehmen können. Für sie kam alles plötzlich und ohne jemandes Zutun. Gott sagt hier in seinem Wort, dass er war, bevor Himmel und Erde, Berge wurden. Wie auch immer die Welt wissenschaftlich betrachtet entstanden ist, sagt der Glaube, dass sie kein sinnloser Zufall ist. Und dass Gott schon so unvorstellbar lange da ist – er hat die Welt in seiner Hand. **Gott hat die Welt gewollt, Gott ist schon immer da.**

Wenn du dieser Einladung folgst, wirst du anfangen, anders über die Natur zu denken. Sie ist nicht mehr einfach nur da – sie fängt an, Gott zu bezeugen. Sie fängt sozusagen an, zu sprechen. So empfinden es gläubige Menschen: **Die ganze Natur** – Berge, Meere, Seen, Wasserfälle, Wolken usw., natürliche Phänomene wie Wind, Böen, Regen, Blitze, Donner, Vulkane usw. **bezeugt ohne Zweifel die Existenz und Macht Gottes.** Jeder Mensch wird durch diese Phänomene beeindruckt und tief berührt. Wir fragen uns manchmal, wenn wir über das Leben nachdenken, woher das alles kommen kann. Dann denken wir schon an Gott, vielleicht noch unbewusst. Aber gleichzeitig zweifeln wir noch an seiner Existenz. Wenn wir nicht an Gott glauben, sprechen wir vielleicht von übernatürlicher Kraft, die wir manchmal erfahren. Doch weiter fragen wir nicht. Wir nehmen die Welt einfach so hin, wie sie ist. Wie gesagt, sprechen die Wissenschaftler vom Urknall. Aber wer hätte den Urknall veranlasst? Sie behaupten, dass es ein Zufall ist. Ich glaube, es gibt keinen Zufall! Wenn die Schöpfung ein Zufall wäre, dann ist der Mensch auch ein Zufall, was aber Unsinn ist. Die Menschen, die so denken, wollen nur nicht an Gott glauben, weil sie ihn nicht sehen, – wobei Gott Geist ist und niemand ihn sehen kann – und weil es für sie einen

Verzicht auf Dinge bedeutet, an denen sie haften wollen. Lies diese Bibelverse:

*Er ist es, der die Erde gemacht hat durch seine Kraft, der den Erdkreis gegründet durch seine Weisheit und den Himmel ausgespannt durch seine Einsicht, auf dessen Befehl sich die Menge des Wassers am Himmel ergießt, der Wolken aufsteigen lässt vom Ende der Erde, Blitze macht für den Regen und den Wind aus seinen Kammern herauslässt. **(Jeremia 10,12-13)***

*Gott ist zwar unsichtbar, doch an seinen Werken, der Schöpfung, haben die Menschen seit jeher seine ewige Macht und göttliche Majestät sehen und erfahren können. Sie haben also keine Entschuldigung. **(Römer 1,20)***

Den Sauerstoff, ohne den du nicht leben wirst, hat Gott für uns in die Luft freigesetzt. Alle natürlichen Dinge, die auf Erden sind und die die Menschen verarbeiten, um Gegenstände herzustellen, Energie zu erzeugen usw., wurden von Gott erschaffen. Ein Beispiel dafür ist das Holz, das vom Baum stammt und womit der Mensch z.B. Möbel produziert. Auch die Idee, die Inspiration, die Fähigkeit und die Geschicklichkeit, mit denen der Mensch Möbel herstellen kann, kommt von Gott. Das ganze Wissen stammt von Gott:

*In ihm sind alle Schätze der Weisheit und Erkenntnis verborgen. **(Kolosser 2,3)***

Jeder Mensch weiß, dass Gegenstände, die wir nutzen, wie Tische, Stühle, Zahnbürsten, Kämme, Gabeln, Flugzeuge, Häuser usw. von menschlichen Händen hergestellt wurden. Nichts entsteht durch Zufall. So wurde der Mensch auch nicht zufällig ins Leben gerufen. Du denkst nun wahrscheinlich, dass du dank deiner Eltern zur Welt gekommen bist. Aber wie entstand denn der erste Mensch, denn deine Eltern haben auch Eltern und deine Großeltern genauso usw. Ganz fern in der Vergangenheit muss der Mensch also unbedingt durch eine übernatürliche Macht kreiert worden sein – ich hoffe, dass du jetzt nicht irgendeine Vermutung von Menschen einführen willst, die sich nicht einmal sicher sind, ob was sie sagen, richtig ist. Denkst du wirklich, dass der Mensch ein Affe war? Gott hat den Menschen und Tiere geschaffen und sie ihm untertan gemacht. Der Mensch ist weder dem Affen gleich, noch hat er sich aus ihm entwickelt! Vielmehr ist der Affe dem Menschen unterlegen. In der Bibel sind die beiden Begriffe »Menschen« und »Tiere« getrennt. Menschen sind Menschen. Tiere sind Tiere. Es steht nicht geschrieben, dass der Mensch aus einem Tier stammt. Gott schuf den Menschen nach seinem Abbild. Nirgendwo wirst du in der Bibel lesen, dass er die Tiere auch nach seinem Abbild geschaffen hat. Zu sagen oder zu glauben, dass der MENSCH aus dem Affen stammt, ist genauso viel wie zu behaupten, dass Gott wie ein Affe ist, was sogar eine Blasphemie ist, weil GOTT den MENSCHEN wie sich selbst kreiert hat. Statt so leicht Menschen Glauben zu schenken, die fehlbar sind, sollten wir selber gut nachdenken und die Dinge prüfen. Gott selber sagt in seinem Wort, dass jedes Haus von jemandem gebaut wird, alles stammt aber ursprünglich von ihm:

Denn jedes Haus wird von jemandem erbaut; der aber alles erbaut hat, das ist Gott. (**Hebräer 3,4**)

Gott existiert wirklich. Ich möchte dich gern dazu einladen, das Werk Gottes – **die Bibel** – unter der Führung des Heiligen Geistes richtig zu studieren. Wenn du dies tust, – und dabei die Bibel unter Leitung des Heiligen Geistes liest – wirst du selber herausfinden, dass du von Gott stammst.

Gott ist **nicht nur der Anfang,** sondern **auch das Ende**:

> *So spricht der HERR, der König Israels und sein Erlöser, der HERR der Heerscharen: Ich bin der Erste und bin der Letzte, und außer mir gibt es keinen Gott.* **(Jesaja 44,6)**

> *Ich bin das Alpha und das Omega, der Erste und der Letzte, der Anfang und das Ende* **(Offenbarung 22,13)**

Das heißt, dass er am Anfang und am Ende von allen Dingen präsent ist, dass er mit der Schöpfung angefangen hat und damit enden wird. Das Ende der Welt, von dem du manchmal hörst, ist eine Realität, die früher oder später geschehen wird. Es steht in der Bibel geschrieben und auch die Wissenschaft weiß das. Doch wer kann genau vorhersagen, wie und wann dieses Ende eintritt? Menschliche Prognosen? Kein Mensch kann das Ende von allen Dingen vorhersagen, sondern nur der, der alle Dinge kreiert hat. Das ist wiederum die Einladung, von der ich sprach, die Dinge anders zu sehen. So, dass Gott darin vorkommt. Wann die Welt enden wird, liegt in seiner Macht. Er entscheidet das. Auch dein Leben ist in seinen Händen. Wenn er es nicht zugelassen hätte, wärest du nicht zur Welt gekommen.

Gott hat durch seine **Omnipotenz** (das ist Latein und heißt »Allmacht«) und seine **Allwissenheit** Himmel und Erde und alles, was darin ist – inklusive dich – erschaffen. Das ist es, worauf es ankommt. DU bist von Gott erschaffen. Du, Mensch, kannst zwar Dinge kreieren, entdecken und herstellen. Du kannst Dinge entdecken und zu Erkenntnissen und Erfindungen kommen, die die Welt ändern. Doch oft erweist es sich, dass Erkenntnisse von Menschen falsch sind.

Das zeigt, wie das Wissen von Menschen fehlbar oder partiell sein kann:

*Denn unser Wissen ist Stückwerk [...]. **(1. Korinther 13,9)***

Gott aber weiß alles und macht nie Fehler. Das Wissen, das der Mensch über etliche Themen besitzt, kommt von Gott, ohne dass die Menschen, die dazu gekommen sind, sich dessen immer bewusst sind. Bevor sie zu einer Kenntnis kommen, suchen sie, denken sie, forschen sie. Und wenn sie das Wissen bekommen, ist es, weil Gott es weiß und es ihnen gibt – deswegen sollten sie nicht prahlen. Gott aber braucht nicht zu suchen oder forschen, denn er ist das Wissen. Die Menschen denken leider, selber Meister des Wissens zu sein, das sie dennoch nicht ohne Gott hätten. Sie haben sich selber nicht erschaffen. Gott **erschuf den Menschen**:

*Und Gott schuf den Menschen zu seinem Bilde, zum Bilde Gottes schuf er ihn; und schuf sie als Mann und Frau. **(1. Mose 1,27)***

Gott kennt alles und dich mehr als du dich selber kennst, weil er dich **geformt** hat:

*Damals wuchsen noch keine Gräser und Sträucher, denn Gott hatte es noch nicht regnen lassen. Außerdem war niemand da, der den Boden bebauen konnte. Nur aus der Tiefe der Erde stieg Wasser auf und tränkte den Boden. Da nahm Gott, der HERR, etwas Staub von der Erde, formte daraus den Menschen und blies ihm den Lebensatem in die Nase. So wurde der Mensch ein lebendiges Wesen. **(1. Mose 2,5-7)***

Vielleicht sagst du dir, dass das unglaublich ist. Aber ist das nicht unglaublich und doch wahr, dass Menschen sich sehen und sprechen können, obwohl sie in verschiedenen Kontinenten leben? Ist das für den menschlichen Verstand nicht unfassbar, dass Staubsaugroboter hergestellt werden? Und das sind ja noch die kleineren Dinge, denke an die Weltraumtechnologie, moderne Medizin oder die Künste … Gäbe es solche Dinge nicht, wenn wir sie nicht verstehen könnten? – Natürlich gibt es sie trotzdem! Schon wir Menschen sind zu »Unglaublichem« fähig. Warum denkst du dann, dass Gott dich nicht erschaffen hat? Dass er das Unmögliche nicht tun kann? Ja, wirklich beweisen kann es niemand, du musst dafür den Glauben wagen. Aus diesem Grund sagte Jesus Christus Thomas, dass der Mensch glücklich ist, der an ihn glaubt, ohne ihn gesehen zu haben. Auch in Hebräer zeigt uns Gott, dass wir ihm nur durch Glauben gefallen können:

*Da sagte Jesus: »Du glaubst, weil du mich gesehen hast. Wie glücklich können sich erst die schätzen, die mich nicht sehen und trotzdem glauben!« (**Johannes 20,29**)*

*Denn Gott hat nur an den Menschen Gefallen, die ihm fest vertrauen. Ohne Glauben ist das unmöglich. Wer nämlich zu Gott kommen will, muss darauf vertrauen, dass es ihn gibt und dass er alle belohnen wird, die ihn suchen. (**Hebräer 11,6**)*

Zu dem, was deine physischen Augen nicht wahrnehmen können, kannst du nur durch Glauben Zugang haben. Ohne diesen Glauben wird es für dich nicht möglich sein, in den Besitz dessen zu kommen, was Gott für dich bereithält.

Du bist ein Wunder. Du bist das Ergebnis von Gottes Macht. Glaub es.

Du verstehst durch diese weiter oben erwähnten Bibelverse *(1. Mose 2,5-7)* also, woher du kommst und auch woraus du bestehst – Erde. Du brauchst nur darüber nachzudenken, was mit dem Menschen passiert, wenn er stirbt, um zu verstehen, dass der Mensch nur Erde ist. Da brauche ich dir eigentlich keine Stelle in der Bibel zu nennen, weil du es bereits weißt. Aber lies trotzdem die folgenden Bibelverse:

[…] Du wirst dir dein Brot mit Schweiß verdienen müssen, bis du stirbst. Dann wirst du zum Erdboden zurückkehren, von dem ich dich genommen habe. Denn du bist Staub von der Erde, und zu Staub musst du wieder werden!« *(1. Mose 3,19)*

dann würde alles Leben mit einem Schlag sterben, und die Menschen zerfielen zu Staub! *(Hiob 34,15)*

Dir ist natürlich schon bewusst, dass der tote Mensch mit der Zeit verwest und wieder zur Erde wird. Das erklären auch diese Bibelverse. Das sollte jeden Menschen dazu bringen, über seine Entstehung nachzusinnen und zur Kenntnis zu kommen, dass sein Körper nichts ist, sein Geist aber nach dem Tod fortbestehen wird:

Und Jesus rief laut: »Vater, in deine Hände lege ich meinen Geist!« Mit diesen Worten starb er. *(Lukas 23,46)*

Dann kehrt der Leib zur Erde zurück, aus der er genommen wurde; und der Lebensgeist geht wieder zu Gott, der ihn gegeben hat. *(Prediger 12,7)*

Ich habe vor ungefähr 14 Jahren, da war ich noch in meinem Heimatland, ein krasses Erlebnis gehabt. Ich lag im Bett, war noch nicht eingeschlafen und wurde plötzlich nach oben am Moskitonetz erhoben. Das war nicht mein Körper, den konnte ich gar nicht fühlen. Es war deutlich ein Teil von mir, den man nicht anfassen konnte. Dann bekam ich Angst und landete wieder in meinen Körper – denn ich fand mich wieder normal im Bett vor. Das war seltsam und ich rannte schnell zu meinen Eltern, die mir sagten, nachdem ich ihnen diese furchterregende Erfahrung erzählt hatte, dass ich nicht genug gegessen hätte. Ich wusste aber tief in mir, dass das nicht der Grund war. Als ich mich Jahre später mit der Bibel beschäftigte, bestätigten sich meine Ahnungen über dieses Ereignis, nämlich, dass der Mensch aus Geist, Körper und Seele besteht. Etwas von uns bleibt ewig. An jenem Tag war es, als würde ich sterben. Das, was nach oben gegangen war, hätte einen anderen Weg genommen, wenn es nicht zurück in meinen Körper gekommen wäre. Gott hat aber Pläne für mein Leben, deswegen hat er das nicht geschehen lassen. Mit diesem Erlebnis aus meinem Leben möchte ich dir nahebringen, dass es wirklich ein Leben nach dem Tod gibt.

Gott ist Geist und bevor wir auch einen Körper bekommen haben, waren wir nur Geist in ihm und werden auch am Ende als Geist aus unseren Körpern herausfahren. Bei ihm, vor dem Gericht wird dann entschieden, wo der Geist ewig bleiben wird.

Wir stammen aus ihm, er kennt uns also sehr gut. **Gott kennt alle Details über dich. All deine Gedanken durchschaut er.** Manchen Menschen macht dies Angst – vergiss dabei nie, dass Gott dich liebt. Gott kennt dich wirklich und dazu liebt er dich. Das ist gar nicht so leicht zu akzeptieren! Denn wir Menschen lieben den anderen ja oft weniger, je mehr wir von ihm wissen. Doch Gott ist anders. Ja, was du denkst, sagst und machst, weiß er. Wohin du gehst, sieht er. Er weiß Bescheid, wenn du deinen Partner/deine Partnerin betrügst, wenn du Geld unterschlägst, wenn du schlecht über deinen Nachbarn/Freund usw. sprichst. Natürlich sind ihm auch deine guten Taten bekannt und er freut sich darüber – aber Gutes kannst du nie dauerhaft ohne ihn tun. Er ist das Gute schlechthin. Und wenn du dich gut benimmst, obwohl du ihn nicht kennst, ist es, weil ein Teil seiner Wahrheit in dir ist, ohne dass du es weißt. Um aber völlig in der Wahrheit zu sein, musst du ihn unbedingt kennen. **Auch die Zahl deiner Haare kennt Gott**. Du bist sein Meisterwerk. Alles in, von und an dir kennt er genau.

Ein Lied von David. HERR, du durchschaust mich, du kennst mich durch und durch. Ob ich sitze oder stehe – du weißt es, aus der Ferne erkennst du, was ich denke. **(Psalm 139,1-2)**

Auch sind die Haare auf eurem Haupt alle gezählt. Fürchtet euch nicht! Ihr seid kostbarer als viele Sperlinge. **(Lukas 12,7)**

Ich empfehle dir, den ganzen **Psalm 139** zu lesen. Er ist sehr schön und zeigt, wie **groß**, **gut** und **allwissend** Gott ist, auch in welchem Maß er uns kennt, liebt und für uns sorgt.

Gott kann alles. Die Menschen können alles tun, um Gott zu ersetzen. Das wird ihnen aber nie gelingen. Sie können künstlich Babys zur Welt bringen. Aber womit schaffen sie es? Mit Zellen, die sie von Menschen nehmen, die Gott erschaffen hat. Sie können nichts erschaffen. Sie können höchstens herstellen, ändern. Sie wissen nichts, sie erwerben eher Wissen – und das lässt Gott zu. Ärzte können nicht immer alle Krankheiten heilen. Sie sind nur Menschen, deren Wissen und Fähigkeiten Grenzen haben. Wenn sie nichts tun können, dann kann nur Gott eingreifen, wenn man ihn hinzuzieht. Wir machen und versuchen oft alles gegen unsere Probleme, aber nichts ändert sich an unserer Situation. Spätestens dann sollte dies ein Zeichen für uns sein, dass wir zu Gott gehen sollen. Wenn wir Gott in keinen Bereich unseres Lebens einbeziehen, verfehlen wir unvermeidlich das Ziel.

Ich möchte dir dazu eine Geschichte aus meinem Leben erzählen, die dir zeigen wird, dass wir uns bei all unseren Problemen und Herausforderungen als Erstes an Gott wenden sollten. Ich hatte angefangen, über Gott zu recherchieren, nicht nach dem Erlebnis, das ich gleich erzählen werde. Davor kannte ich schon Gott, ging in die Gemeinde, betete, las über ihn, aber ich hatte keine echte Beziehung mit ihm, weil ich ihn dafür nicht gut genug kannte. Er offenbarte sich mir aber durch dieses Ereignis in meinem Leben, was meinen Glauben komplett revolutionierte.

Mitte 2014 hatte ich schlimme Träume. Ich sah einmal Schlangen und Insekten an den Mauern meines Apartments. Ein oder zwei Wochen nach diesem Traum gab es einen anderen schrecklichen Traum, durch den mein Glaube in Jesus Christus größer und stärker wurde. Im Traum verfolgten mich rot angezogene Soldaten mit Pfeilen bis ans Meer. Wie durch ein Wunder und als würden mir plötzlich durch eine unsichtbare und mächtige Kraft Flügel gegeben, konnte ich fliegen und auf einer Art Erde oder kleiner Insel mitten im Meer landen. Ich sah eine »Freundin«, die ich gefragt hatte, ob sie ans andre Ufer ging. Nachdem sie akzeptiert hatte, sah ich mich in einem Bett. Am Ende des Traums wollte eine Person, die ich nicht gesehen habe, mir den Fuß abhacken. Dies ist, Gott sei Dank, im Traum nicht passiert und ich wachte auf. Am gleichen Tag, als ich arbeiten ging, hatte ich einen Unfall. Ich rutschte aus, fiel hin und konnte nicht mehr gehen. Mein Chef brachte mich ins Krankenhaus. Eine Zeit lang musste ich mit Krücken laufen und mir selbst Spritzen injizieren. Was die Injektion anbelangt, hatte ich die Wahl, in diesem Zustand jeden Tag ins Krankenhaus zu fahren, um es von den Ärzten machen zu lassen oder es selber zu Hause durchzuführen. Ich, die als Kind Angst vor Spritzen hatte und aus dem Krankenhaus floh, entschied mich letztendlich dazu, sie mir selber zu injizieren. Die Gefahr der Bildung einer Thrombose lag in der Luft, wenn ich die Regeln der Ärzte nicht respektierte. An jenem Tag hatte ich sogar das Gefühl, als ich die Ärzte über meinen Fall sprechen hörte, dass ich meinen Fuß verlieren würde. Ich hatte ja am selben Tag einen warnenden Traum! Es war die furchtbarste Erfahrung, die ich je gemacht hatte. Aber auch die schönste.

Dieses Erlebnis hat mir die Augen darüber geöffnet, dass die Mächte der Finsternis wirklich existieren und am Werk sind. Sie handeln im Leben von allen Menschen. Sie haben mich angegriffen. Gott ließ das zu, um mir seine Macht kundzutun. Ich habe meine Heilung dank meines Glaubens an Jesus Christus bekommen. Diesen tiefen Glauben konnte ich durch ein Gebet des nigerianischen Pastors und Propheten T. B. Joshua in seinem Fernsehprogramm »Emmanuel TV« entfalten. An diesem Tag – drei Tage nach dem Unfall – gelang es mir, mich auf meinen Fuß zu stützen, den ich vorher nicht einmal auf den Boden legen konnte, und eine Krücke loszuwerden. Dieses Wunder war die Erfüllung eines Satzes des Glaubens, den ich am Tag des Unfalls gesagt hatte. Dies war der Satz, den ich ausgerufen hatte: »Nur Jesus Christus wird mich retten.« Das ist das Hauptereignis meines Lebens, das meinen tiefen Glauben an Jesus Christus endgültig ausgelöst hat. Vor diesem Unfall hatte mir meine Schwester vom oben genannten Pastor erzählt und empfohlen, seine Predigten zu hören. Das hatte ich nicht beachtet, weil ich damals Angst hatte, auf einen falschen Pastor zu stoßen, teilweise sicher auch, weil es mir nicht besonders schlecht ging und ich keine dringende Hilfe brauchte. Aber Gott hat ihn am Ende genutzt um meinen Glauben zu stärken. Und wenn Jesus Christus mich gerettet hat, wird er das auch für dich tun! Vertraue ihm nur.

Kehren wir nun zurück zur Erklärung über Gott. Alles in allem ist Gott dein Schöpfer. Er schuf dich mit Erde und hauchte dir seinen Atem ein. Erst so wurdest du ein lebendiges Wesen (siehe oben den zitierten Vers 1. Mose 2,7). Das heißt, dass du ohne ihn nicht existieren würdest, weil du ohne den Lebensatem, der aus Gott kommt, nur Erde bist. Siehst du, wie traurig und undankbar es ist, den zu verwerfen, der uns doch das Leben gab? Die Bibel nennt das Torheit:

Die Toren sprechen in ihrem Herzen: »Es ist kein Gott.«
(Psalm 14,1)

Die folgende Erklärung wird dich sicher beim Verständnis des Wesens Gottes auch ein Stück weiter bringen:

Gott ist der allerhöchste Geist.
Überlege eine Minute. Ich nehme an, dass du dir dessen bewusst bist, dass es in unseren Gesellschaften Hierarchien in allen Bereichen gibt. Nehmen wir beispielsweise einen Betrieb. Dort gibt es Unter- und Übergeordnete, vom Chef bis zum Angestellten oder geringsten Arbeiter. Manchmal gibt es verschiedene Chefs und der oberste Chef krönt die Hierarchie.

Worauf will ich hinaus? Ich möchte dir anhand des Vergleiches von Hierarchien unter Menschen zeigen, dass es in der geistlichen Welt auch Hierarchien gibt und dass Gott der Geist über allem ist. Die »geistliche Welt« bezieht sich auf das Unsichtbare: Gott und seine Engel, den Teufel und seine

Dämonen und auch Menschen, die geistlich aktiv sind, das heißt, die nicht nur auf der physischen Ebene leben, sondern Kontakt mit der geistlichen Welt haben. Es gibt z.B. Personen, die Okkultismus praktizieren und anderen schaden. Die Menschen, die Kontakt und eine Beziehung mit Gott pflegen, leben auch geistlich. Sie beten und kämpfen aber für das Gute. Wir Menschen bestehen aus **Geist, Seele und Fleisch** – wenn du das noch nie gehört hast, könnte man ganz kurz sagen, dass das Fleisch unsere Sinne umfasst, auch wie wir die Dinge wahrnehmen. Es ist das Gegenteil vom Geist. Es ist der Teil von uns, der uns zur Sünde verführt. Die Seele besteht aber aus unseren Emotionen, Gedanken, Gefühlen, Willen, Begierden, Entscheidungen und allem Unfassbaren, das aus uns hervorgeht.

Der Geist ist wie ein Motor, der das Leben in uns in Gang setzt. Je nachdem welcher Geist in uns ist, wird das durch unsere Seele und Körper widergespiegelt. Gottes Geist schenkt uns Leben in Fülle. Jeder andere Geist das Gegenteil – den Tod. **Gott** ist aber **purer Geist**. Und er existiert über allen und allem. Er steht über allen Präsidenten, oberen Chefs, allen Menschen und allen Geistern. Er ist derjenige, der sie gemacht hat. Und er ist rein und heilig. Er besteht nicht aus Gutem und gleichzeitig Schlechtem wie wir Menschen. Die bösen Geister sind auch pure Geister, bestehend aus nur Schlechtem. Wir brauchen deswegen Gottes Geist, der ständig in uns fließen soll, damit wir ihm immer näher kommen. Viele Stimmen flüstern jedem Menschen Dinge/Gedanken zu. Gott spricht auch zu jedem Menschen. Die Stimme und die Kraft, die uns dazu bringen, Gutes zu tun, kommen von ihm. Nur lässt er jedem die freie Wahl, seine Stimme zu hören oder nicht. Wir sehen die Entitäten in der Luft nicht. Wir nehmen nicht wahr, dass sie am Werk sind. Deshalb glauben wir nicht, dass es eine geistliche Welt gibt. So ist es nachvollziehbar, dass wir auch nicht an den Obersten dieser Welt glauben. Er existiert aber. Damit du ihn wahrnimmst, musst du den Glauben wagen, ihn zu suchen.

Gott ist auch das Licht, das die Finsternis vertreibt:

Und die Erde war wüst und leer, und Finsternis war über der Tiefe; und der Geist Gottes schwebte über dem Wasser. Und Gott sprach: Es werde Licht! Und es wurde Licht. Und Gott sah das Licht, dass es gut war; und Gott schied das Licht von der Finsternis. **(1. Mose 1,2-4)**

Es herrschte ein Chaos auf Erden (»wüst und leer« heißt im Originaltext auf Hebräisch »Tohuwabohu«, es ist also ein Chaos), wofür böse Geister oder Dämonen sorgten. Gott kam aber und sprach das Licht aus und es kam tatsächlich Licht. Da Licht und Finsternis nicht zusammengehören, wurden sie voneinander getrennt. Genauso will Gott, der dich erschaffen hat, dass Licht in dein Leben kommt, damit die Finsternis verschwindet. Willst du es ihm erlauben?

Weißt du, was unter Licht und Finsternis zu verstehen ist? Finsternis umfasst alles, was der Mensch Schlechtes tut, das Gott nicht gefällt, und die üblen Konsequenzen daraus. Es handelt sich um die Sünde und die ganzen Blockaden, die wir in unserem Alltag deswegen erleben. Die Sünden sind unter anderem: der Unglaube an Gott. Unglaube heißt nicht nur, nicht an die Existenz Gottes zu glauben, sondern auch, ihn für unwichtig oder ohnmächtig zu halten, ihn also zu ignorieren. Letztlich ist die Finsternis und die Sünde die Trennung des Menschen von Gott. Das ist die größte Sünde, woraus die anderen hervorgehen: etwa lügen, stehlen, ehebrechen, hassen, der Mangel an Liebe, schimpfen, verleumden, Geld unterschlagen, töten, Götzendienst – das ist der Glaube des Menschen und sein Haften an andere Dinge, wie Gegenstände, Statuen, Materielles, alles, was der Mensch selbst als Greifbares und Unfassbares ins Leben gerufen hat, statt an Gott –, Okkultismus, Hexerei, Magie, Ungehorsam, Hochmut, Verschwendung, Bitterkeit, Begierden, sexuelle Unmoral wie Prostitution, Geschlechtsverkehr vor der Ehe, Homosexualität, Pornographie, Betrug, Untreue usw. Die Blockaden oder Konsequenzen der Sünde sind: Mangel an Harmonie in Beziehungen, an Frieden, an Freude, an Wohlstand, Krankheiten, Misserfolg, Frustration, Unfälle, plötzlicher Tod, Unfruchtbarkeit, Armut, Konflikte und Kriege, Seuchen und vieles mehr. Diese Dinge haben nichts mit Gott zu tun. Sie sind von der Finsternis geleitet. Da Gott das Licht ist, kann die Finsternis also nicht aus deinem Leben gelöscht werden, wenn du nicht an ihn glaubst. Wenn du Gott verwirfst und behauptest, dass er nicht existiert, bist du zweifellos in der Finsternis. Er reicht dir aber immer seine Hand, weil er sich nie ändert. Seine Liebe ist grenzenlos. Er entscheidet sich nicht plötzlich, dass er dich nicht mehr in seinem Reich will. Er will, dass jeder Mensch, der ihn noch nicht kennt, die Gelegenheit und Möglichkeit dazu erhält und nutzt.

Ich lade dich dazu ein, über diese Worte nachzudenken. Bitte Gott, dir mehr über sich zu offenbaren. Sage das folgende Gebet, auch wenn du nicht an Gott glaubst, trotzdem aber etwas von ihm erfahren willst.

Gebet: Lieber Gott/Vater, ich möchte mehr über dich wissen. Ich öffne mein Herz, um mehr von dir zu erfahren. Zeig dich mir. Lass mich durch Worte, Predigten, Offenbarungen, dein Wort, Gläubige, Glaubensbrüder und Erfahrungen mehr erkennen, wer du bist und wie ich dir näher kommen kann. Im Namen Jesu Christi. Amen.

Fragen zum Kapitel:

1. Was ist deiner Meinung nach kennzeichnend für Gottes Existenz und Allmacht in der Welt? Was lernst du darüber in diesem Kapitel?

2. Wenn du alle Wissensquellen über die Entstehung des Menschen beiseitelegst, was denkst du selber darüber, woher der Mensch kommt? Und was konntest du in dem ersten Kapitel dieses Buches darüber lernen? Was denkst du dazu?

3. Glaubst du an Gott? Wenn nein, warum? Vielleicht, weil du Gott nicht verstehst und keine Ahnung von ihm hast? Oder wegen der Dinge, die du erlebt hast? Und nun, kannst du nach dem Lesen dieses Kapitels Gott besser verstehen? Kannst du nachvollziehen, dass er existiert?

TAG 2

Gottes Liebe, Größe und Allmacht

Ich möchte dir in diesem Kapitel kurz Gottes Liebe im Zusammenhang mit seiner Schöpfung und Macht zeigen.

Gott ist Liebe. Er hat die Welt aus Liebe geschaffen. Er hat alles mit der Absicht erschaffen, dass die Liebe, die er verkörpert, auf der Welt herrscht. In ihm war, ist und wird es nicht einmal ein Gramm Hass, Stolz oder Ähnliches geben. Wie kann ein Gott, der alles erschaffen hat, anders als gut sein? Ich möchte dir immer noch sagen: Zweifle nie daran, dass Gott dich unendlich liebt. Wenn du in deinem Leben/Alltag einen Mangel an Liebe erlebst, dann hat das nichts mit Gott zu tun. Das bedeutet eher, dass du die Liebe Gottes noch nicht in Fülle empfangen kannst. Wenn du auch an Gott glaubst, ihn suchst, alles um dich zeigt aber das Gegenteil, gib bitte nicht auf, ihn zu suchen, Gott wird sich dir früher oder später offenbaren. Wenn du nicht an ihn glaubst, wirst du ihn auch nicht suchen. Und so kannst du nichts von ihm wissen/erfahren und seine Liebe nicht wahrnehmen. So wie du die Liebe eines Mannes oder einer Frau nicht erkennen und fühlen kannst, wenn du ihn oder sie zurückweist, so kannst du auch nichts von Gott und seiner Liebe erfahren, wenn du ihm keinen Raum in deinem Herzen und Leben lässt.

*Und wir haben erkannt und geglaubt die Liebe, die Gott zu uns hat: Gott ist Liebe; und wer in der Liebe bleibt, der bleibt in Gott und Gott in ihm. (**1. Johannes 4,16**)*

In diesem Vers heißt es nicht »*Gott bleibt in ihm und er bleibt in Gott*«, sondern »*der bleibt in Gott und Gott in ihm.*« Gott liebt dich sowieso, auch wenn du ihn nicht liebst. Du sollst nun deinerseits an ihn glauben, seine Liebe akzeptieren und erwidern, indem du ihn auch liebst und suchst, ihn kennen-zulernen. Nur so kannst du eins mit ihm werden und vieles von ihm erfahren, genauso wie es sich in der Beziehung zwischen Mann und Frau verhält.

[…] Kehrt um zu mir! Und ich kehre um zu euch, spricht der HERR der Heerscharen. […] (Maleachi 3,7)

Die **Liebe Gottes zu dem Menschen bedeutet, dass er keinen Menschen verwirft, der ihn sucht, wie schlecht er auch sein mag**. Er ist geduldig und hofft, dass du eines Tages zu ihm zurückkommst. Gott liebt dich so sehr, dass er nicht mehr an deine Verfehlungen denkt. Er hat sie komplett vergessen, damit du die neue Gelegenheit erhältst, in Beziehung mit ihm zu kommen. Ja, Gott vergisst tatsächlich willentlich unsere Verfehlungen! Ist das nicht unglaublich? Weil es nämlich die Sünde ist, die dich von ihm trennt und macht, dass du leidest. Er ist nicht wie wir, Menschen, die ein ganzes Leben Zorn und Bitterkeit gegen die hegen, die uns Böses angetan haben.

So fern, wie der Osten vom Westen liegt, so weit wirft Gott unsere Schuld von uns fort! (Psalm 103,12)

Genauso wie der normale Mensch seine Kinder liebt und nie etwas Schlechtes für sie wünscht, **will Gott auch nur Gutes für uns**. Seine Liebe ist noch viel größer als die von Eltern zu ihren Kindern. Gott liebt dich so sehr. Egal was du getan hast und wer du jetzt bist, ob ein Mörder, ein Bandit, ein Dieb, ein Manipulator, ein Ehebrecher, eine Prostituierte, ein korrupter Mensch, ein Lügner usw., Gott liebt dich und will nur, dass du dich an ihn wendest, damit er dich ändern kann. In der Bibel kannst du einen schönen Bibelvers lesen, der dir zeigt, dass Gottes Liebe zu dir größer als die Liebe der Menschen ist:

Wenn nun ihr, die ihr doch böse seid, dennoch euren Kindern gute Gaben zu geben wisst, wie viel mehr wird euer Vater im Himmel Gutes geben denen, die ihn bitten! **(Matthäus 7,11)**

Die **Liebe Gottes** hat ihn am Anfang der Schöpfung dazu gebracht, durch seine **Macht** Erde, Wasser, Sonne, Mond, Sterne, Pflanzen, Tiere zu schaffen, bevor er den Menschen kreiert hat. Wir haben über die Schöpfung bereits an Tag 1 nachgedacht. Hier möchte ich den Gedanken hinzufügen, dass sie die erste und umfassendste Tat der Liebe Gottes ist. Er tat das, weil er wusste, dass der Mensch diese Dinge, die zuerst geschaffen wurden, brauchen wird. Am Tag erleuchtet die Sonne die Erde und uns. Am Abend übernimmt der Mond diese Rolle:

Und Gott machte zwei große Lichter: ein großes Licht, das den Tag regiere, und ein kleines Licht, das die Nacht regiere, dazu auch die Sterne. Und Gott setzte sie an die Feste des Himmels, dass sie schienen auf die Erde und den Tag und die Nacht regierten und schieden Licht und Finsternis. Und Gott sah, dass es gut war. **(1. Mose 1,16-18)**

Siehe, ich, der HERR, bin der Gott allen Fleisches, sollte mir etwas unmöglich sein? **(Jeremia 32,27)**

Gott dachte also daran, dass der Mensch Essen brauchen wird, um sich zu ernähren. So sprach er die entsprechenden Worte aus. Er befahl der Erde, Pflanzen, Bäume usw. hervorzubringen und dies geschah. Dann gab er diese dem Menschen zur Nahrung:

> *Und Gott sprach: Sehet da, ich habe euch gegeben alle Pflanzen, die Samen bringen, auf der ganzen Erde, und alle Bäume mit Früchten, die Samen bringen, zu eurer Speise. (1. Mose 1,29)*

In der Bibel gibt es unglaublich unzählige Wahrheiten über dich, die bezeugen, dass Gott dich unendlich liebt. Eine der Wahrheiten sagt so schön:

> *Denn du hast meine Nieren bereitet und hast mich gebildet im Mutterleibe. Ich danke dir dafür, dass ich wunderbar gemacht bin; wunderbar sind deine Werke; das erkennt meine Seele. (Psalm 139,13-14)*

Ein Mann und eine Frau, nämlich dein Vater und deine Mutter kamen zusammen, liebten sich und entschieden sich, dich zur Welt zu bringen und das geschah. Sie waren zweifellos überglücklich und gleichzeitig sicher auch erstaunt, wie dieses Werk der Schöpfung wunderbar ist. Eltern paaren sich und bekommen Kinder. Wie das aber wirklich zustande kommt, bleibt ihnen ein Mysterium. Sie können versuchen es auf ihre Art zu erklären, sie kämen aber nie zur Entschlüsselung des Mysteriums der Geburt. Die Ärzte erklären es wissenschaftlich. Aber über die Wissenschaft hinaus gibt es Wahrheiten, die für den menschlichen Verstand unergründlich sind. Es ist Gott, der den Mann und die Frau erschaffen und ihnen gesagt hat, sich zu vermehren. Also wie das Kind im Bauch der Mutter gebildet wird – und manche Wissenschaftler erklären können und denken, das hätte nichts mit Gott zu tun, nur weil sie das Wissen darüber haben –, unterliegt nur Gottes Macht. Wenn diese Wissenschaftler so allwissend und allmächtig sind und Gottes Macht leugnen, dann warum können sie den Paaren nicht helfen, die kein Kind zur Welt bringen können. Damit ein Paar ein Kind erzeugt, reicht es nicht nur, dass all ihre Organe und Zellen funktionieren. Es braucht Gott. Wenn Gott nicht einbezogen ist, wenn z.B. böse Menschen gegen ein Paar sind und in ihrem Leben Flüche sprechen, dass sie nie Kinder zur Welt bringen werden, dann kann das passieren. Das Paar müsste sich dann aufrichtig und mit Geduld an Gott wenden, bis der Fluch in ihrem Leben gebrochen wird und sie ihre Kinder bekommen. Da wird man von »Wunder« sprechen. Das passiert genau dank **Gottes Liebe** und **Allmacht**. Wir können aus unseren eigenen Kräften alles versuchen, um irgendetwas in unserem Leben zu erhalten, wenn Gott nicht eingreift, sind all unsere Anstrengungen umsonst. Wenn wir ohne Gott das haben, was wir wollen, wird es früher oder später andere Probleme mit sich bringen.

Ich möchte dir in den folgenden Zeilen kurz **eine Geschichte aus der Bibel** zusammenfassen und eine **Erfahrung aus meinem Leben** erzählen, die **Gottes Macht und Liebe** bezeugen:

Das Volk Gottes Israel war in Ägypten und litt unter der Macht und Boshaftigkeit Ägyptens. Das war eine Prophetie, die Abraham, dem Stammvater der Israeliten, von Gott gegeben wurde:

Da sagte Gott zu ihm: »Ich vertraue dir jetzt etwas an, das in der Zukunft geschehen wird: Deine Nachkommen werden in einem fremden Land unterdrückt. Sie arbeiten dort als Sklaven – vierhundert Jahre lang. Aber ich werde das Volk bestrafen, das sie dazu gezwungen hat.

Mit großen Reichtümern werden sie von dort wegziehen
... (1. Mose 15,13-14)

Tatsächlich geschah das. Die Israeliten mussten sehr hart arbeiten. Es gab unmenschliche Gesetze, die die Ägypter gegen sie beschlossen. So entschied sich ein grausamer Pharao zu seiner Regierungszeit, alle männlichen Kinder unter den Israeliten zu töten:

Den israelitischen Hebammen Schifra und Pua befahl der ägyptische König: »Wenn ihr von den hebräischen Frauen zur Geburt gerufen werdet und seht, dass ein Junge zur Welt kommt, dann tötet ihn sofort! Ist es ein Mädchen, könnt ihr es am Leben lassen!« (2. Mose 1,15-16)

Der Grund für diese Morde an Kindern war, dass Mose, ein Führer des Volks der Israeliten entstehen sollte, der die Israeliten aus der Knechtschaft von den Ägyptern befreien sollte. Da der Pharao aber Israel immer versklaven wollte, sah er ihre Tötung – die der männlichen Kinder damals – als einzige Lösung, um seine Macht über sie zu behalten. Mit dieser Tötung zielte er hauptsächlich auf den späteren Führer und Befreier Israels, nämlich Mose. Am Ende der Geschichte zeigte sich Gott mächtig und treu, indem er doch ausgerechnet mithilfe dieses Mose – der wunderbarerweise dem Tod entfloh – Israel befreite:

An diesem Tag führte der HERR die Israeliten nach Stammesverbänden geordnet aus Ägypten fort. (2. Mose 12,51)

Lies bitte in der Bibel das ganze zwölfte Kapitel des Buches Exodus (2. Mose), am besten **2. Mose 1-12**, um die

Geschichte besser zu verstehen. Da wirst du auch sehen, wie Mose durch Gottes Macht dem Tod entfloh.

Du erfährst in dieser Geschichte Gottes Macht und wie er Menschen hilft, die ihm vertrauen. Die Familie von Mose war nämlich gottesfürchtig und vertraute ihm für Moses Rettung.

Hier ist nun meine eigene Erfahrung, die Gottes Macht und Liebe zeigt:

Ich bin 5 Jahre bei einem Mann geblieben, der mein Leben komplett zerstört hat. Er hat viele Süchte in seinem Leben, unter denen das zügellose Essen von Süßigkeiten. Wenn du schon ein bisschen älter bist und Lebenserfahrungen gesammelt hast, weißt du bestimmt, dass zwei Menschen, die zusammenbleiben, Dinge voneinander nehmen und sie teilen. Das betrifft nicht nur das Körperliche, sondern auch im Geist und in der Seele tauschen sie Dinge. Ich, die Gott kennt und nüchtern ist, habe mich auch irgendwann dabei ertappt, viele Süßigkeiten zu essen. Ich war süchtig danach. Ich konnte mich nicht davon trennen. Im Supermarkt musste ich unbedingt welche kaufen, was ich früher, als ich meinen Partner noch nicht gekannt hatte, nicht machte. Das war schlimm, denn ich fühlte mich dabei sehr schlecht, weil es nicht meine Natur war. Du kannst es dir sicher gut vorstellen. Es verhält sich ein bisschen folgenderweise: Du wohnst normalerweise in einem schönen Haus und kannst tun, was du gern möchtest. Aber jemand sperrt dich plötzlich in ein Gefängnis ein. Wie würdest du dich fühlen? – Zweifellos komisch, schlecht, in deiner Freiheit beschnitten. Genauso war es bei mir. Ich war wie eingesperrt, weil ich das nicht tun konnte, was ich wollte. Es war nie mein Wunsch gewesen, von Süßigkeiten abhängig zu sein. Ich musste **viel beten** und **Gott vertrauen**, dass er mich befreit, bevor ich eine Änderung erleben konnte. Ich versuchte, allein darauf zu verzichten, aber das ging nicht.

Manchmal klappte es und ich fühlte den Drang zu Süßigkeiten nicht, aber kurz danach kam doch die Lust darauf hoch. Das hat mir gezeigt, dass Menschen zu schwach sind, um sich selber von den Problemen zu befreien, die sie sich auferlegt haben. Deswegen lehrt uns Gott in seinen Weisungen/Geboten, bestimmte Dinge nicht zu machen. Er weiß, dass es später für uns wahnsinnig schwer fallen wird, wenn wir die Probleme loswerden wollen, die wir uns aus Ignoranz auferlegt haben. Aber wir haben die Gnade, dass Gott uns helfen kann, wenn wir es zulassen. Wir können immer auf seine Barmherzigkeit und Gnade zugreifen, wenn wir es wollen. Oft kommen Menschen zu Gott, erst wenn sie keinen Ausweg mehr finden. Das sollte nicht der Fall sein. Gott sollten wir als erstes suchen. Aber dort, wo die Kraft des Menschen an ihre Grenze kommt, kann Gott retten – nur Gott. Du kannst also zuversichtlich zu ihm kommen, wenn du dir keinen Rat mehr weißt.

Es gibt viele Menschen, die krank sind und denen Ärzte nicht mehr helfen können. Wenn sie an Gott glauben und ihm wirklich vertrauen, erleben sie eine wundervolle Heilung. Gottes Liebe und Macht zeigt sich in unserem Alltag und wir spüren es, wenn wir uns ihm öffnen. Sprich nun zu Gott:

Gebet: Vater, öffne mir die Augen meines Herzens, dass ich dessen bewusst werde, wo du in meinem Leben handelst, damit ich deine Liebe und Macht spüren kann. Ich möchte deine Kraft konkret und mehr erleben. Hilf mir dabei. Im Namen Jesu Christi. Amen.

Fragen zum Kapitel:

1. Hast du schon von jemandem Liebe erfahren/bekommen? Hast du selber schon eine Person geliebt? Durch welche Zeichen erkennst du, dass du eine Person liebst und dass du geliebt bist?
2. Woran erkennst du nach dem Lesen des Kapitels, dass Gott dich liebt? Und wie kannst du es schaffen, seine Liebe in deinem Leben zu spüren?
3. Was ist der Unterschied zwischen der Macht von Menschen und Gottes Macht?

TAG 3

Der Ungehorsam des Menschen

Du hast in den ersten Kapiteln erfahren, dass Gott existiert, mächtig ist und dich liebt. Sicher kreist jetzt diese Frage in deinen Gedanken: Wenn Gott wirklich existiert, mächtig ist und die Menschen so sehr liebt, warum gibt es dann so viel Leid und Ungerechtigkeit in der Welt? Habe ich Recht? Wenn du dir diese Frage stellst, ist das sehr gut. Du wirst auch eine Antwort darauf finden! Lies diese Zeilen weiter.

Es ist vor allem wichtig, dass du weißt, dass **Gott kein Zauberer** ist. Wir haben oft eine Meinung oder Vorstellung über Gott, die gar nicht der Realität entspricht. Wir bilden uns ein, dass Gott durch einen Zauberstab alles in der Welt wieder gut machen soll, nachdem wir Fehler begangen haben. So handelt Gott aber nicht. Es ist nicht in seiner Natur und es ist auch für den Menschen nicht vorteilhaft, dass er uns alles gibt, was wir brauchen, obwohl wir gegen ihn sündigen. Wir können nicht erwarten, dass uns Gutes widerfährt, wenn wir Böses tun. Du kennst sicher die Schöpfungsgeschichte. Wenn nicht, lies im ersten Buch der Bibel, **1. Mose 1-3**. Versuch nicht, es mit deinem Verstand zu ergründen, sondern geleitet vom Heiligen Geist. Frag ihn, dir sein (das richtige) Verständnis von seinem Wort zu schenken. Gott hat **Adam und Eva als Krönung seiner Schöpfung** erschaffen. Er hat **ihnen** sogar **alles untertan gemacht**:

*Er segnete sie und sprach: »Vermehrt euch, bevölkert die Erde und nehmt sie in Besitz! Ihr sollt Macht haben über alle Tiere: über die Fische, die Vögel und alle anderen Tiere auf der Erde!« (**1. Mose 1,28**)*

Der Mensch wurde nach Gottes Abbild geschaffen:

So schuf Gott den Menschen als sein Abbild, ja, als Gottes Ebenbild; und er schuf sie als Mann und Frau. (1. Mose 1,27)

Was lehrt uns dieser Vers? Denk an die Eigenschaften Gottes, die in den vorherigen Kapiteln bereits eingeführt wurden. Gott ist Liebe. Er ist groß und mächtig. Wenn Gott so ist und uns wie sich selbst, also nach seinem Abbild erschaffen hat, bedeutet das, dass wir auch Liebe und Macht in uns tragen. Adam und Eva hatten also alles von Gott bekommen. Gott hat sie dazu befähigt zu lieben und ihnen von seiner Macht geschenkt, damit sie nichts Schlechtes tun und ihnen auch nichts Böses passiert. Gott hat in seiner Liebe nie gewollt, dass Menschen mit Leid und Qual geplagt werden. Nein! Die Welt hat er sich voller Liebe, Weisheit, Demut, Gehorsam ihm gegenüber, Reinheit, Heiligkeit, Frieden gewünscht. Im Garten **Eden** hat er Adam folgende Weisungen gegeben:

Dann schärfte er ihm ein: »Von allen Bäumen im Garten darfst du essen, nur nicht von dem Baum, der dich Gut und Böse erkennen lässt. Sobald du davon isst, musst du sterben!« (1. Mose 2,16-17)

Ich weiß nicht, wie du diese Verse verstehst. Hast du schon einmal tief über sie nachgedacht? Hier handelt es sich nicht um eine physische Frucht, die wir essen, um uns zu ernähren. Es geht vielmehr um spirituelle Bäume und Früchte, um spirituelle Nahrung. In der Luft gibt es unglaublich viele Dinge, die du dir nicht vorstellen kannst. Die Gedanken, die um deinen Kopf wimmeln, können gut oder auch böse sein. Jetzt ist das Böse sowieso in der Welt und in den Menschen und ist für sie zur Gewohnheit geworden, sodass sie es für normal halten. Die Menschen lügen, stehlen, begehen Morde, schimpfen, verleumden, begehen Ehebruch, sind korrupt, benehmen sich unmoralisch in allen Bereichen und dulden das. Sie finden diese Dinge normal und behaupten, es sei das Wesen der Menschen. So hat es Gott aber gar nicht gedacht, als er uns ins Leben rief. Damals, als Gott Adam und Eva erschuf, hatte er ihnen eingeschärft, den Gedanken, Worten und Taten, die sie Gut und Böse erkennen lassen, keinen Raum in sich zu lassen. Das bedeutet, dass der Mensch nur Gutes in sich tragen sollte – so hatte es Gott geplant. Er wusste nämlich, dass der Mensch dann verloren sein wird, wenn er das Böse in sich hineinlässt. Wenn der Mensch **nur Gutes** in sich hat, wird er auch **nur Gutes** hervorbringen. Niemand kann das geben, was er nicht hat. Hat der Mensch nur Gutes in sich, heißt es, dass er **Gott** bzw. **das Bewusstsein von Gott** in sich hat. So kann nichts Schlechtes aus ihm kommen, ihm nichts Schlechtes passieren und er kann anderen auch nichts Übles tun. Er würde nicht mal an das Böse denken oder darüber meditieren, da er es nicht einmal angefasst hat. Er würde keine Ahnung davon **und von seinen Konsequenzen** haben. Besser ausgedrückt würde das Böse keine Macht über ihn haben, weil er weiß, dass das Wort Gottes das richtige ist und Gott blindlings gehorcht. Der Teufel könnte ihn nicht verurteilen. Daher gäbe es keinen Grund für ihn, schlechtes Gewissen vor Gott zu haben. Dieses schlechte Gewissen hindert den Menschen nämlich daran, ohne Zweifel vor Gott zu treten. Ich möchte dir diese Worte und Gedanken mit einem Beispiel veranschaulichen:

Stell dir vor, eine Person A, die du sehr gut kennst und der du vertraust, sagt dir, dass dein Chef dir eine andere, bessere Stelle anvertrauen will (Person A könnte auch dein Chef sein). Das ist das, was du bereits vor langer Zeit erwartetest. Du freust dich darüber. Aber eine andere Person B, die gar nichts von deinem Gespräch mit Person A wusste, kommt und sagt dir, dass die Person A dich angelogen hat, dass deine Position in der Firma gleich bleiben wird. Wie wirst du dich fühlen, wenn du der zweiten Information Glauben schenkst? Was passiert dann in dir? – Du wirst sicher anfangen, dir Gedanken und Sorgen darüber zu machen, ob die erste Information vielleicht doch falsch ist. In deinem Kopf hättest du nicht mehr nur diese erste Information, sondern auch die zweite und du wirst nicht mehr ruhig sein. Du wirst an der ersten Information zweifeln und dir Fragen stellen, bis der Chef selbst es dir klar sagt oder bestätigt. Wenn aber die Person B dir nichts gesagt hätte oder du sie nicht gehört oder an sie geglaubt hättest, hättest du kein Bewusstsein von ihrer Information und wärst gelassen, ohne Zweifel.

Ich möchte dir sagen, dass genau das mit Adam und Eva im Garten Eden passiert ist. Die Schlange hat sie dazu gebracht an der ersten Information, die von Gott kam, zu zweifeln – also, dass sie sterben werden, wenn sie vom verbotenen Baum essen. So verloren sie die Gewissheit, dass das Wort Gottes, das sie gehört hatten, wahr war, nachdem sie der Schlange gehorchten oder Glauben schenkten. Denn sobald sie beide Informationen hatten und bei dem Bösen verweilten, waren sie verwirrt und hatten nicht mehr nur das Bewusstsein von Gott und vom Guten, sondern auch vom Teufel und dem Bösen. Da wussten sie nicht mehr, woran sie glauben sollten. Und so konnte Gott nicht in ihrem Leben handeln.

So ist es mit den ersten Menschen passiert und sie haben uns das weitergegeben, weil wir von ihnen stammen. Deswegen ist es schwer für uns an Gott zu glauben. Denn mit dem Gehorsam dem Teufel gegenüber gaben wir ihm die Macht, über uns zu herrschen und uns Lügen zu sagen. Und er herrscht in der Welt und lässt uns leiden. Und da wir leiden, sagen wir, dass Gott nicht existiert, ohne zu wissen, dass alles mit unserem Ungehorsam Gott gegenüber zusammenhängt. Überlege, wie dein Chef reagieren würde, wenn du zu ihm gehst und ihm sagst oder ihn irgendwie wissen lässt, dass du daran zweifelst, dass er dir eine bessere Stelle geben will. Ich denke nicht, dass er dann noch motiviert sein wird, dich in seinem Betrieb aufsteigen zu lassen. Genauso kann Gott nicht in uns wirken, wenn das Bewusstsein des Bösen in uns so herrscht, dass wir ihn ignorieren, nicht an ihn glauben und behaupten, dass er nicht existiert.

Nachdem Adam und Eva Gottes Weisungen ignoriert hatten und vom verbotenen Baum gegessen hatten, stürzten sie also. Sie **starben**. Es handelt sich hier um **den geistlichen Tod** – um die Tatsache, dass sie ab diesem Augenblick **von Gott getrennt** wurden. Menschen, die Jesus Christus noch nicht empfangen haben und das Evangelium nicht verstehen, denken, dass der Tod nur die Trennung vom Körper ist. Der reale Tod ist aber eher die Trennung von Gott. Und Gott ist Geist. Das heißt, dass der echte Tod mit unserem Geist zu tun hat. Der Körper ist nichts. Er hält uns nur hier auf Erden, damit wir laufen, Dinge mit unseren Händen machen, sehen, riechen, hören usw. Wenn wir sterben, werden unsere Körper für nichts nützlich sein. Der Geist und die Seelen aber kehren zu Gott zurück – und das nur, wenn wir Gott in uns haben, rein und heilig sind wie er. Lies die folgenden Bibelverse, um den Verfall des Menschen zu verstehen:

Die Schlange war listiger als alle anderen Tiere, die Gott, der HERR, gemacht hatte. »Hat Gott wirklich gesagt, dass ihr von keinem Baum die Früchte essen dürft?«, fragte sie die Frau. »Natürlich dürfen wir«, antwortete die Frau, »nur von dem Baum in der Mitte des Gartens nicht. Gott hat gesagt: ›Esst nicht von seinen Früchten, ja – berührt sie nicht einmal, sonst müsst ihr sterben!«« »Unsinn! Ihr werdet nicht sterben«, widersprach die Schlange, »aber Gott weiß: Wenn ihr davon esst, werden eure Augen ge- öffnet – ihr werdet sein wie Gott und wissen, was Gut und Böse ist.« Die Frau schaute den Baum an. Er sah schön aus! Es wäre bestimmt gut, von ihm zu essen, dachte sie. Seine Früchte wirkten verlockend, und klug würde sie davon werden! Sie pflückte eine Frucht und biss hinein. Dann reichte sie die Frucht ihrem Mann, der bei ihr stand, und auch er aß davon. (*1. Mose 3,1-6*)

Dann wandte Gott sich zur Frau: »Ich werde dir in der Schwangerschaft viel Mühe auferlegen. Unter Schmer- zen wirst du deine Kinder zur Welt bringen. Du wirst dich nach deinem Mann sehnen, aber er wird dein Herr sein!« Zu Adam sagte er: »Statt auf mich hast du auf deine Frau gehört und von den Früchten gegessen, die ich euch ausdrücklich verboten hatte. Deinetwegen soll der Ackerboden verflucht sein! Dein ganzes Leben lang wirst du dich abmühen, um dich von seinem Ertrag zu ernähren. Du bist auf ihn angewiesen, um etwas zu essen zu haben, aber er wird immer wieder mit Dornen und Disteln übersät sein. Du wirst dir dein Brot mit Schweiß verdienen müssen, bis du stirbst. Dann wirst du zum Erdboden zurückkehren, von dem ich dich genommen habe. Denn du bist Staub von der Erde, und zu Staub musst du wieder werden!« Adam gab seiner Frau den Namen Eva (»Leben«), denn sie sollte die Stammmutter aller Menschen werden. Gott, der HERR, machte für die beiden Kleider aus Fell und legte sie ihnen an. Dann sagte er: »Nun ist der Mensch geworden wie wir, weil er Gut und Böse erkennen kann. Auf keinen Fall darf er noch einmal zugreifen und auch noch von dem Baum essen,

dessen Frucht Leben schenkt – sonst lebt er ewig!« Darum
schickte er ihn aus dem Garten Eden fort und gab ihm
den Auftrag, den Ackerboden zu bebauen, aus dem er ihn
gemacht hatte. (1. Mose 3,16-23)

Ich empfehle dir, das ganze dritte Kapitel zu lesen.

Jedenfalls war die Schlange sehr listig. Sie sagte Eva, dass sie und ihr Mann nicht sterben werden, wenn sie die verbotene Frucht essen. Und es stellte sich wirklich heraus, dass sie, obwohl sie sie aßen, nicht sofort starben. So war es für sie klar, dass die Schlange Recht hatte – wobei Gott vom geistlichen Tod gesprochen hatte. Gott ist Geist und der Geist ist auch die wichtigste Entität im Menschen. Adam und Eva verloren nach dem Sündenfall das Bewusstsein von Gott. Oder besser gesagt, sie hatten nicht mehr nur das Bewusstsein von Gott und dem Guten, sondern auch vom Teufel und dem Bösen. So waren sie verloren. Gott konnte nicht mehr **eins** mit ihnen sein, **weil Gott sauber, rein und heilig ist**. Sie trennten sich so von Gott. Wegen dieses Ungehorsams kamen schlechte Gedanken, Worte in und von ihnen, die sie zu bösen Taten führten. Das ist das ganze Gegenteil der Liebe und Macht Gottes, die in ihnen bleiben sollten. Da sie nach dem Sündenfall das Bewusstsein vom Bösen hatten – also das Böse in ihnen war –, waren sie auch vom Bösen und zum Bösen verführt. Sie konnten Böses denken, sprechen und tun. Und so kamen auch die Konsequenzen des Bösen in ihr Leben. Vor dem Sündenfall passierte ihnen nur Gutes. Sie waren nicht krank oder süchtig, es mangelte ihnen an nichts. Mit dem Sündenfall aber erlaubten sie, dass Leid in die Welt kam – Mangel, Krankheiten, Süchte usw. So konnten sie auch nicht mehr wissen, ob Gott existiert oder nicht, weil sie das Gute, das von Gott stammt, nicht mehr genießen konnten. Sie erlitten Mangel und fragten sich, warum sie leiden, wenn Gott wirklich existieren würde? Auch heute sagen genau deswegen viele Menschen, dass Gott nicht existiert: weil sie leiden und oft keinen Ausweg finden. Sie wissen nicht, **dass es die Sünde ist, die die Menschen von Gott getrennt hat und Leid veranlasst**. Statt dass die ganze Kreatur ihnen untertan bleibt, sind eher sie der Kreatur unterworfen geworden.

Es ist also nicht Gott, der an den ganzen Problemen in der Welt schuld ist! Es sind die Menschen selbst, die ihm nicht vertrauen und gehorchen. Adam und Eva haben lieber dem Teufel gehorcht, weil sie zu neugierig waren, weil sie **mehr als das, was sie bereits von Gott hatten**, **wissen**, **erfahren** und **haben wollten**. Sie wollten mächtiger sein, obwohl sie bei Gott schon die ganze Macht hatten. Indem sie mächtiger werden wollten, fielen sie und verloren diese große Macht, die Gott ihnen gab. Die listige Schlange oder der Teufel war zwar daran schuld, dass sie sich von Gottes Weg abwandten – weil die Schlange Eva überzeugen konnte, dass sie wie Gott sein würden, wenn sie das Verbotene tun würden. Aber Eva hatte die Wahl, dieser Versuchung zu widerstehen. Eva wusste von Gott vorher schon, dass sie die verbotene Frucht nicht essen darf. Sie wusste (ihr wurde gesagt), dass sie das Böse kennen und sterben würde, wenn sie den verbotenen Baum nur anfasste. Als Gott den ersten Menschen gesagt hatte, über **die Tiere zu herrschen**, wusste er ganz genau, dass die Schlange sie verführen wird. Oft hat Gott dich in deinen Gedanken schon davor gewarnt und die Konsequenzen gezeigt, die aus deinen schlechten Handlungen erfolgen werden, bevor du sie durchführst. Sind einmal die Konsequenzen da, vergisst du, dass diese Stimme dir die Wahrheit zugeflüstert hatte. Dann jammerst, weinst du und schimpfst auf Gott.

Am Anfang meines Aufenthaltes in Deutschland fühlte ich mich einsam und wurde versucht, pornografische Filme zu schauen. Ich hatte nie eine Beziehung gehabt, hatte das Verlangen danach und dachte, dass diese Filme es stillen könnten. Die Maschen des Internets haben mich beschwindelt. Ich hatte dabei ein Unbehagen. Etwas wehrte sich in meinem Inneren dagegen. Aber ich tat es. Mehrmals wurde ich dazu gebracht, sie mir anzuschauen. Gleichzeitig sagten Gedanken in mir »Nein«. Ich gehorchte aber leider der falschen Stimme, der der Schlange, bis ich eines Tages auf ein Video auf YouTube stoß, in dem ein Mann Gottes einschärfte, dass richtige Gläubige sich nicht auf solche unreine Dinge einlassen. Dies hat mich sensibilisiert. Ich wollte es nicht mehr schauen. Diese Wahrheit war in mir. Das war die Stimme, die mir sagte: »Schau das nicht!«. Da ich aber die offenbarte Kenntnis nicht hatte und dachte, es würde ohne Konsequenz geschehen, fiel ich in die Falle. Die Kenntnis wurde vom Video des Predigers bestätigt. Der Drang nach diesen Filmen hat dann zügig nachgelassen. Später habe ich mir die Frage gestellt, ob die schlechten und unreinen Gedanken, die mich plagten, doch nicht irgendwie teilweise auch mit diesen Filmen zu tun hatten. Manchmal war ich sauer auf Gott, als ich meine komplette Befreiung rasch erleben wollte. Ich sagte ihm: »Wenn du Gott bist, behauptest, dass du mich erlöst hast und dass wer in Jesus Christus ist, frei ist, warum lässt du diese Gedanken länger in mir?« Unsere Taten ziehen immer Konsequenzen mit sich. Die Tatsache, dass du Jesus Christus empfangen hast, wird die Folgen deiner sündigen Handlungen nicht unbedingt gleich löschen. Was man sät, erntet man:

Meint nur nicht, ihr könntet euch über Gott lustig machen! Denn was der Mensch sät, das wird er auch ernten:
(Galater 6,7)

Manche Menschen erhalten ihre Befreiung plötzlich. Andere gehen durch einen langen Prozess. Gib also nie auf. Verlier nie die Hoffnung. Bleib geduldig. Gott hatte mit dir auch Geduld, bis du ihn angenommen hast. Jesus Christus wird dir dabei helfen, standhaft bis zur völligen Befreiung zu bleiben. Und mit ihm in deinem Leben kennst du die Wahrheit und fällst nicht mehr in die Stricke des Bösen.

Eva hatte die erste, gute und wahre Information von Gott. Sie bevorzugte aber die zweite. Die zweite und falsche Information war allerdings trügerisch, denn die Schlange hatte genau das gesagt, was Eva hören wollte: *»aber Gott weiß: ... ihr werdet sein wie Gott ...«* Der Mensch will immer mehr und immer, was anlockend ist. Er begehrt es ständig, von Gott Verbotenes zu erkunden. Aber er sinkt auf diese Weise in den Abgrund, ohne es zu wissen. Der Glaube an das Versprechen »ihr werdet sein wie Gott« hat die Menschheit zerstört. Wegen dieses Versprechens hören die Menschen in ihrem Kopf, in ihren Gedanken die Stimme des Bösen und gehorchen ihr – die Stimme, die für sie leichter ist zu befolgen. Denn diese Stimme verspricht ihnen Verlockendes. Sie können mit dieser Stimme ihren Begierden freien Lauf lassen. Sie müssen sich mit dieser Stimme keinen Verzicht auferlegen. Und sie denken, dass es ohne Folgen bleibt. Der Mensch trägt also teilweise die Verantwortung für seinen Verfall und somit für sein Leiden. Er wollte wie Gott sein. Er war aber vor dem Sündenfall schon wie Gott. Das gleiche geschieht immer wieder in der Welt.

Und trotz der vielen Probleme, Qualen und Leiden, die infolge der Sünden herrschen, sucht der Mensch nicht nach Gott. Er begeht weiter Sünden über Sünden und denkt, behauptet sogar, dass das Leid normal ist. Wobei alle Probleme, die der Mensch erlebt – Süchte, Krankheiten, Armut, plötzlicher Tod, Misserfolg usw., die Sünde als Grund haben –, ja alles Übel ist die Konsequenz der Sünde. Der arme Mensch sollte z.B. beharrlich Gott suchen, bis er ihn findet und von der Armut erlöst wird – natürlich soll er selber etwas dagegen tun, aber geleitet von Gott und vom Heiligen Geist. Aber es ist nicht selten zu sehen, wie manche Menschen, der Einfachheit wegen, den bequemeren und breiten Weg nehmen (den viele Menschen wählen) – zusätzlich Sünden begehen, indem sie okkulte Mächte zu Rate ziehen, um Geld zu haben, indem sie stehlen, korrupt werden usw.

Der Wunsch und das Streben jedes Menschen sollte sein, die gute Nachricht des Evangeliums zu hören, zu verstehen und ein gehorsames Leben vor Gott zu führen. Der Mensch soll sich demütigen, nicht mehr auf seine eigenen Kräfte und Kenntnisse stützen und vertrauen. Sein Leben soll er von Gott – Jesus Christus, dem Heiligen Geist leiten lassen. Er soll erkennen, dass er ohne Gott schwach ist und in den Abgrund stürzt. **Willst du das tun?** So wirst du ein Licht in der Welt sein, das vielen Menschen dabei helfen wird, zu Gott, unserem Schöpfer zurückzukehren. Nur so können wir das Böse besiegen und ein friedlicheres Leben auf Erden genießen, bevor wir nach unserem irdischen Aufenthalt in den Himmel gehen. Wenn jeder Mensch das tun würde, könnte das Böse nicht mehr herrschen.

Nachdem ich diese Botschaft vom Prediger gehört (siehe Beispiel oben) und Gottes Wort Gehör geschenkt hatte, das heißt mit dem Anschauen der pornografischen Filme aufgehört hatte, konnte ich meine Befreiung vom Drang dazu erfahren. Ich wäre vielleicht lange in diesen Fesseln geblieben, wenn ich diese Botschaft ignoriert hätte. Das Wort Gottes ist mächtig und wartet nur darauf, dass die Herzen sich dafür öffnen und nicht glaubensdicht bleiben. Dort, wo die Sünde – Süchte, Probleme, Krankheiten usw. in deinem Leben herrschen, braucht das Wort Gottes nur ein bisschen Glauben, um in dir zu wirken:

Gottes Wort ist voller Leben und Kraft. Es ist schärfer als die Klinge eines beidseitig geschliffenen Schwertes, dringt es doch bis in unser Innerstes, bis in unsere Seele und unseren Geist, und trifft uns tief in Mark und Bein. Dieses Wort ist ein unbestechlicher Richter über die Gedanken und geheimsten Wünsche unseres Herzens. **(Hebräer 4,12)**

Darauf antwortete er: »Wenn euer Glaube nur so groß wäre wie ein Senfkorn, könntet ihr zu diesem Maulbeerbaum sagen: ›Reiß dich mitsamt deinen Wurzeln aus der Erde und verpflanze dich ins Meer!‹ – es würde sofort geschehen.« **(Lukas 17,6)**

Gott hat in seinem Wort den israelitischen Königen gesagt, täglich in seinem Wort zu lesen und danach zu handeln. So würden sie und das Volk, an dessen Kopf sie regieren, gedeihen:

Wenn er den Thron seines Reiches besteigt, soll er sich eine Abschrift von diesem Gesetz geben lassen, das bei den Priestern aus dem Stamm Levi aufbewahrt wird. Er muss sie immer bei sich haben und täglich darin lesen, solange er lebt. So soll er lernen, Ehrfurcht vor dem HERRN, seinem Gott, zu haben und alle Ordnungen dieses Gesetzes genau zu befolgen. Das wird ihn davor bewahren, sich für wichtiger zu halten als die anderen Menschen aus seinem Volk. [...] **(5. Mose 17,14-20)**

Gott folgen hilft den Königen dabei, selbstlos zu leben, an das Beste des Volkes zu denken, nur Gesetze zu verabschieden, die Gottes Willen entsprechen. Außerhalb von Gott ist das nicht langfristig möglich.

Wenn du die Richter- und Königebücher im Alten Testament liest, wirst du bemerken, dass die Israeliten Ruhe vor ihren Feinden hatten, wenn sie den Richtern folgten, die Gott ihnen gegeben hatte, und wenn der König so handelte, wie Gott von ihm erwartete. Im anderen Fall litten die Israeliten. Das mag in der verlorenen, verdorbenen Welt, in der wir leben, abstrakt und unerreichbar scheinen, weil wir uns so sehr vom Ideal Gottes entfernt haben, dass wir nicht mehr daran glauben. Denken aber alle so – vor allem wir Christen –, dann wird niemand für Gottes Werk aufstehen und die Welt wird sich nie ändern. Wagen wir nicht den entscheidenden Schritt zurück zu Gott, kann die Welt auch nicht besser werden. Und jedes große Ding fängt klein an. Es kann mit dir anfangen. Viele Menschen glauben heute an Jesus Christus, weil andere es gewagt haben, ihm nachzufolgen.

Ich möchte dich ermutigen, über diese Zeilen und das Wort Gottes gut nachzusinnen und Gott zu fragen, dir mehr Verständnis darüber zu schenken. Du könntest diese Worte zu Gott sagen:

Gebet: Vater, du kennst mich mehr als ich mich selber kenne. Ich habe nun mehr über dich und auch über die Sünde erfahren. Ich bitte dich, mir zu zeigen, wie mein Herz vor dir ist. Offenbare mir, wo ich dir in meinem Leben ungehorsam bin. Hilf mir dabei, deine Stimme klar wahrzunehmen und auch dabei, im Gehorsam zu dir, in Reinheit und Heiligkeit zu wandeln. Im Namen Jesu Christi. Amen.

Fragen zum Kapitel:

1. Überlege unabhängig von der Lektüre dieses Kapitels: Deiner Meinung nach, warum herrscht so viel Leid auf Erden?
2. Was ist laut des Kapitels der Grund des Leides auf Erden? Bist du dir dessen bewusst, dass Gott rein und heilig ist, der Mensch aber das Gegenteil von ihm? Gib ein paar Argumente dafür.
3. Denkst und glaubst du auch, dass die Sünde vieles in der Welt kaputt macht? Wie kann die Welt ein friedlicheres und schöneres Gesicht erhalten? Schreib ein paar Sätze dazu.

TAG 4

Das Verlorensein der Menschen und Gottes Gesetz für sie

Wenn schlechte Gedanken in deinen Sinn kommen, sollst du wissen, dass sie vom Teufel stammen. Wenn gute kommen, dann sind sie von Gott. Jetzt fragst du, wie du wissen kannst, ob ein Gedanke gut oder schlecht ist? Ich denke, wenn du ehrlich bist, weißt du das, denn Gott hat uns ein Gewissen gegeben, das Gutes vom Schlechten unterscheidet. Nur haben sich Menschen weit weg von ihm entfernt, weil sie ihn verworfen haben und dem Teufel gefolgt sind, sodass sie manchmal nicht mehr genau unterscheiden können, was gut und was böse ist. Auch wissen sie deswegen nicht mehr, ob Gott wirklich existiert. Der Teufel hat einen Schleier vor das Angesicht des Menschen getan, der die Wahrheit vor ihm versteckt. Aber trotzdem weiß der Mensch tief in seinem Herzen, was gut und was nicht gut ist. Der Gedanke, dass wir ein Gewissen haben, das uns zeigt, ob wir gut oder schlecht handeln, ist in den folgenden Bibelversen nachzulesen:

Da wurden ihnen beiden die Augen aufgetan und sie wurden gewahr, dass sie nackt waren, und flochten Feigenblätter zusammen und machten sich Schurze. Und sie hörten Gott den HERRN, wie er im Garten ging, als der Tag kühl geworden war. Und Adam versteckte sich mit seiner Frau vor dem Angesicht Gottes des HERRN zwischen den Bäumen im Garten. Und Gott der HERR rief Adam und sprach zu ihm: Wo bist du? Und er sprach: Ich hörte dich im Garten und fürchtete mich; denn ich

bin nackt, darum versteckte ich mich. Und er sprach:
Wer hat dir gesagt, dass du nackt bist? Hast du gegessen
von dem Baum, von dem ich dir gebot, du solltest nicht
davon essen? Da sprach Adam: Die Frau, die du mir
zugesellt hast, gab mir von dem Baum und ich aß. Da
sprach Gott der HERR zur Frau: Warum hast du das
getan? Die Frau sprach: Die Schlange betrog mich, sodass
ich aß. (1. Mose 3,7-13)

Adam und Eva waren sich nach dem Sündenfall dessen bewusst, nackt zu sein, schämten sich und versteckten sich mit Feigenblättern und zwischen den Bäumen im Garten. Bevor sie gesündigt hatten, waren sie aber auch nackt und schämten sich trotzdem nicht, von Gott gesehen zu werden. Ist das nicht bemerkenswert? Die Nacktheit steht hier für die Tatsache, dass Gott alles sieht, was sie tun. Als sie nichts Schlechtes getan hatten, war es für sie kein Problem, vor Gott nackt zu sein. Sie wussten nicht einmal, dass sie nackt waren! Gott fragte Adam ja, wer ihm gesagt habe, dass er nackt ist (Vers 11). Wenn Menschen normal handeln und Regeln nicht brechen, haben sie nicht das Gefühl, dass jemand sie vielleicht beobachtet, sieht oder ertappt. Sie bleiben ruhig und gelassen. Verstoßen sie aber gegen eine Regel, werden sie nervös. Auch wenn sie niemanden gesehen haben, der sie beim Verstoß ertappt hat, sind sie wachsam, fürchten es, gesehen worden zu sein und schämen sich.

Nach der Sünde schämten und ängstigten sich Adam und Eva also. Das ist genau das, was zeigt, dass sie wussten, dass sie gesündigt hatten, dass sie Gottes Stimme nicht gehorcht hatten. Sie hatten aber töricht gehandelt, weil es genau diese Emotionen und Handlungen sind, die sie ernährt haben, die sie von Gott trennten. Wenn Kinder sich falsch benehmen, erwarten ihre Eltern nicht, dass sie vor ihnen fliehen oder sich verstecken. Wenn sie so handeln und nichts mehr mit den Eltern zu tun haben wollen, brechen sie so die Beziehung zu ihnen ab. Vielmehr wollen die Eltern, dass ihre Kinder ihre Fehler bekennen, sie bereuen und sich ändern. Gott wünscht sich auch nichts anderes. Wenn Adam und Eva gleich zu Gott gegangen wären, um ihm ihre Fehler zu gestehen, um Vergebung und um eine neue Chance zu bitten, hätte Gott geantwortet und die Beziehung zwischen ihnen wäre wiederhergestellt worden, sie wäre aufrechterhalten geblieben. Die **Angst** und die **Scham**, die sie in sich wachsen ließen, bildete eine Kluft zwischen ihnen und Gott. Sie fühlten sich nicht mehr würdig, zu Gott zu kommen. Sie, und nicht Gott, schufen eine Barriere zwischen sich und Gott. Gott selbst wartet immer mit offenen Armen darauf, dass die Menschen, die sich von ihm getrennt haben, zu ihm zurückkehren. Adam und Eva dachten aber, dass Gott sie nicht mag, dass er böse auf sie ist, dass er sie wegen der Sünde nicht mehr annehmen wird.

Kannst du dich in diesen Worten wiedererkennen? Das ist genau das, was passiert, wenn du sündigst. Die Sünde zeigt dir ein verkehrtes Bild von Gott – das Bild, das der Teufel will, dass du von Gott hast, damit du nicht mehr zu ihm gehst, damit es keine Beziehung mehr zwischen ihm und dir gibt. Stell dir vor, wie du dich fühlst, wenn du gegen eine Regel deiner Eltern verstößt. Wenn du z.B. stiehlst, willst du nicht entdeckt werden. Du versuchst, es zu verstecken, weil du weißt, dass es nicht gut ist. Du bist sogar bereit nochmal zu sündigen, z.B. zu lügen, um deine widrige Tat noch zu vertuschen. Wenn du deine Eltern siehst, fühlst du dich komisch, auch wenn sie nichts von deiner Tat wissen. Du denkst, sie würden dich nicht mehr lieben, wenn sie die Wahrheit wüssten. Aber sie lieben dich immer. Eher das Verstecken mögen sie nicht.

Das Verstecken Adams und Evas und ihre Rechtfertigung – das heißt, das Verschieben ihres Fehlers auf jemanden anderen – beschreiben genau, was du machst, wenn du eine Sünde begehst und das nicht gestehen willst. Das mag Gott gar nicht. Denn das Verstecken und das Nicht-Erkennen deines falschen Benehmens verbessern die Situation nicht, sondern du gehst damit noch tiefer in den Abgrund. Du trennst dich dabei mehr und mehr von Gott.

Die Menschen sündigen und vertuschen immer ihre Taten, sodass es zu ihrer Gewohnheit wird und sie denken, dass das ohne Konsequenzen bleibt. Das bringt sie dazu zu glauben, dass sie nicht so schlecht handeln, dass sie nur Menschen sind und nicht anders können. Für manche Menschen ist die Sünde sogar nicht mehr erkennbar. Wenn sie schlecht handeln, finden sie, dass das normal ist – Gott hat aber den Menschen rein und heilig, ohne Sünde erschaffen.

Da sie viele Probleme, Schwierigkeiten und Mängel erleben, behaupten sie, dass es deswegen keinen Gott gibt. Wenn Gott existieren würde, würden sie nicht leiden, denken sie. Sie wissen aber leider nicht, dass genau ihre Sünden, die sie so unterschätzen, sie von Gott trennen und ihnen Leid hinzufügen. Auf der anderen Seite hat Gott etwas unternommen, um den Menschen zu zeigen, dass er existiert und dass ihr Leid begründet ist. Er gab ihnen durch die Israeliten das **Gesetz**. Mit dem Gesetz wollte er ihnen das, was er schon am Anfang der Schöpfung in ihrem Gewissen hineingetan hatte, klar und schriftlich niederlegen:

Und du sollst auf die Steine alle Worte dieses Gesetzes schreiben, klar und deutlich. **(5. Mose 27,8)**

Bis das Gesetz kam, bedeckte Gott den Menschen (symbolisch durch Adam und Eva) mit **Tierfellen**. Das war sinnbildlich dafür, dass sie ihre **Fehler nicht mit Feigenblättern** – symbolisch für den Versuch des Menschen, seine Sünden zu tarnen – **wegwischen konnten**. Sie benötigten mehr, nämlich dass Blut vergossen wird. Tierfelle bekommt man nur, nachdem Tiere getötet werden:

Und der HERR, Gott, machte Adam und seiner Frau Leibröcke aus Fell und bekleidete sie. (1. Mose 3,21)

Diese Felle halfen ihnen sicherlich mit einem besseren Gewissen vor Gott zu treten als wenn sie sich mit Feigenblättern bekleidet hätten. Sie waren auch ein Zeichen für unsere spirituelle Bekleidung durch das Blut Christi, die tausende Jahre später möglich sein sollte. Gott spricht immer symbolisch in seinen Handlungen. Bevor dies geschieht, das heißt, bevor seine Auserwählten durch das Blut Christi reingewaschen werden sollten, fand Gott es gut, dass sie über seine Satzungen Bescheid wissen.

Er gab also den Israeliten das Gesetz, damit sie wissen, dass sie Sünder sind, und auch, damit sie sich dessen bewusstwerden, unter welcher Bedingung der Mensch vor Gott heilig ist – sonst könnten sie behaupten, dass es nirgendwo steht, was sie tun oder nicht tun sollten. Es wäre für sie Anlass, ohne Glauben und Moral zu leben und später vor Gottes Gericht Anspruch auf das Leben im Himmel haben zu wollen. Das Gesetz Gottes ist im Alten Testament zu finden. In **2. Mose 20,1-17** findest du die 10 Gebote. In **2. Mose, 3. Mose, 4. Mose und 5. Mose** gibt es ausführliche Informationen über das Gesetz Gottes.

Kurz noch etwas zu den Feigenblättern. Ich habe bereits erwähnt, dass das Verstecken unserer Sünden uns nicht rein und heilig vor Gott macht. Wenn auch Menschen um uns unsere Sünden nicht sehen, sieht Gott sie trotzdem und das bildet eine Mauer zwischen ihm und uns:

Siehe, die Hand des HERRN ist nicht zu kurz, um zu retten, und sein Ohr nicht zu schwer, um zu hören; sondern eure Vergehen sind es, die eine Scheidung gemacht haben zwischen euch und eurem Gott, und eure Sünden haben sein Angesicht vor euch verhüllt, dass er nicht hört.
(Jesaja 59,1-2)

Auch unsere Anstrengungen, die Dinge besser zu machen, z.B. Armen zu helfen, für die anderen zu beten, unsere schlechten Taten wiedergutzumachen usw., verwandeln uns nicht in gute Menschen vor Gott. Es sind zwar gute Taten, aber wir erhalten dadurch kein Heil. Wir sind dadurch nicht vor Gott gerechtfertigt. Diese Werke stillen nur ein bisschen unser Gewissen. Sie bringen uns sogar leicht dazu zu prahlen – denn wir sagen, dass wir doch diese oder jene gute Tat gemacht haben, und denken, dass Gott uns deswegen erlösen soll. Die Feigenblätter, mit denen Adam und Eva sich versteckt hatten, sind auch Symbole für die Werke, die wir tun und von denen wir denken, dass sie uns besser vor Gott erscheinen lassen. Vor Gott ist das alles aber nur ein beflecktes Kleid:

So wurden wir alle wie die Unreinen, und alle unsre Gerechtigkeit ist wie ein beflecktes Kleid. Wir sind alle verwelkt wie die Blätter, und unsre Sünden tragen uns davon wie der Wind. (Jesaja 64,5)

Nur reines Blut kann uns von unseren Sünden befreien. Hier möchte ich kurz erklären, was unter »reines Blut« zu verstehen ist: »Reines Blut« heißt »reines Leben« – ohne Blut kann ja kein Mensch leben, Blut ist Leben –, Leben ohne Sünde, Leben mit der Erkenntnis Gottes, mit dem Glauben an ihn und Wandeln in seinen Wegen. Das schenkt nur Jesus Christus. Denn nur er kannte von allen Menschen, die bis zu seinem Kommen auf Erden gelebt haben und die nach ihm leben werden, die Wahrheit. Niemand außer ihm besaß die Wahrheit. Er selber ist die Wahrheit. Allein er konnte ein reines und heiliges Leben vor Gott führen. Jesus Christus ist das »reine Blut«. Wer ihn aufrichtig in seinem Leben angenommen hat, kennt die Wahrheit. Das heißt, dass er weiß, dass Gott existiert und dass er sich durch Jesus Christus offenbart hat. Er weiß, was Gott von uns Menschen erwartet. Er will nicht mehr sündigen und tut es nicht mehr. Wenn es passiert, dass er stolpert, bedauert er es gleich, geht zu Gott und fragt um Vergebung und die Kraft, nicht mehr zu wiederholen. Das »reine Blut« haben Adam und Eva beim Sündenfall verloren. Wir auch, weil wir aus ihnen stammen. Ohne das »reine Blut« haben wir keine Kraft vor der Sünde. Sie überwindet uns. So kann das Gesetz uns nur verurteilen, weil es ein beflecktes Kleid an uns sieht. Nur die Kenntnis des Gesetzes und das eigene Versuchen, es zu befolgen, ermöglicht uns nicht Gott zu gefallen und die Sünde zu kreuzigen. Der Begriff »reines Blut« ist spirituell. Die Kenntnis Jesu Christi, das Lesen seines Wortes und das Leben danach, geleitet vom Heiligen Geist, läutert und heiligt den Menschen. Das hilft ihm dabei, nach Gottes Willen zu leben.

Wenn wir sündigen, sind unsere Seelen befleckt. Die Seele ist aber im Blut:

Denn die Seele des Fleisches ist im Blut, und ich selbst habe es euch auf den Altar gegeben ... **(3. Mose 17,11)**

Das impliziert, dass das Blut genauso befleckt wird. Wenn die Seelen und das Blut befleckt sind, tragen sie kein Leben mehr in sich. Es handelt sich hier um **das geistliche, reine und heilige Leben**, das Gott uns am Anfang in Adam und Eva gab, das sie aber infolge der Sünde verloren. Wenn unser Blut und unsere Seelen wegen der Sünde kein Leben mehr in sich tragen, können wir nicht mehr normal leben, so wie Gott es gedacht hat – weil Gott nicht mehr in uns ist, der das Gute ermöglicht. Das ist es, was die vielen Probleme und das Leid der Menschen erklärt. Krankheiten, Armut, Mangel an Liebe, Unfälle, plötzliche Todesfälle, Misserfolg in Unternehmen, Ungehorsam von Kindern, Probleme in Familien und anderer Art sind alle Konsequenzen des geistlichen Todes der Menschen. In seiner großen Liebe, in seinem Wunsch und Plan, den Menschen dieses ursprüngliche, heilige geistliche Leben wieder zu schenken, hat Gott ihnen zuerst das Gesetz geschenkt, damit sie sich auf **dieses neue vielversprechende Leben** vorbereiten können.

Von der Schöpfung an bis zur Zeit Moses lebten die Menschen ohne die Gesetze. Gott gab Mose aber in der Wüste, auf dem Berg Sinai die Gebote für sein Volk. Durch das Gesetz konnten sie herausfinden, was sie gut und was sie nicht gut tun. Sie hatten die Möglichkeit, ihr Handeln und Leben im Licht des Gesetzes zu prüfen und es besser zu führen. Das Halten des Gesetzes hätte ihnen ein besseres Leben schenken können. Aber leider war dies nicht möglich. Sie waren nicht in der Lage das Gesetz Gottes zu befolgen, weil die Sünde in ihnen verwurzelt war. Sie fielen immer wieder in die Sünde zurück, nachdem sie sich eine Weile davon getrennt hatten. Es gab eine Kraft in ihnen, die sie wieder zum Erbrochenen führte. Die Reinheit und der Gehorsam kamen ihnen ständig abhanden.

Deswegen war das Gesetz da, nur um die Ohnmacht der Menschen vor der Sünde und dem Gesetz deutlich werden zu lassen. Sie sollten sich der Tatsache bewusst werden, dass sie etwas Mächtigeres als das Gesetz brauchen. Damit die

Menschen in der Lage sind, Gottes Gebote zu befolgen, musste eine Reinigung und Läuterung des Geistes und der Seele stattfinden. Genauso wie ein Krug mit schmutzigem Wasser kein sauberes Wasser spenden kann, ist es auch für den sündigen Menschen unmöglich, Gutes hervorzubringen, das heißt, das Gesetz Gottes zu befolgen. Niemand kann etwas geben, was er nicht hat. Ein Bananenbaum erzeugt Bananen. Ein Zitronenbaum produziert Zitronen und keine Bananen. Ein Mensch mit Sünden kann keine Heiligkeit in sich tragen und geben. Genau das will aber Gott von uns. Wir sollen heilig sein wie er:

Und ihr sollt mir heilig sein, denn ich bin heilig, ich, der HERR [...] **(3. Mose 20,26)**

Viele Israeliten hatten das Gesetz zwar bekommen, fanden sicher aber trotzdem, dass sie Menschen sind und es in ihrer Natur ist zu sündigen. Diese gaben sich bestimmt keine Mühe, die Sünde zu überwinden. Andere versuchten sicher trotz des Fleisches das Gesetz Gottes zu befolgen, aber konnten es nicht schaffen – was menschlich ist und Gott wusste das auch. Weiter andere Menschen fanden wahrscheinlich, dass sie bereits gut genug sind, dass sie keine Sünde begehen. Letztere täuschten sich aber, weil es keinen einzigen Menschen gibt, der nicht sündigt. Wir Menschen glauben, dass wir gut sind, weil wir nicht viel oder schlimm sündigen würden, wobei vor Gott das Übertreten eines einzelnen Gebots dem Übertreten der ganzen Gebote gleicht:

Verflucht sei, wer nicht <u>alle Worte</u> dieses Gesetzes erfüllt, dass er danach tue! Und alles Volk soll sagen: Amen. **(5. Mose 27,26)**

Denn wenn jemand das ganze Gesetz hält und <u>sündigt</u> *<u>gegen ein einziges Gebot, der ist am ganzen Gesetz schul-</u>* *<u>dig.</u> (Jakobus 2,10)*

Achte im ersten Vers auf die Betonung von »alle Worte«. Um vor Gott gerecht zu sein, muss der Mensch das ganze Gesetz erfüllen. Wenn du alles gut getan hast, aber auch einmal gelogen hast, bist du schon am ganzen Gesetz schuldig. Siehst du: In allen Fällen sieht sich der Mensch dazu unfähig, Gottes Gesetz zu folgen, weil die Sünde in ihm verankert ist. Das Gesetz Gottes konnte ihm nicht dabei helfen, das Heil zu erlangen. Er blieb nach wie vor verloren. Die Sünde verschwindet auch nicht, weil wir es wollen. Wir sind nur mit reinem Blut von der Sünde befreit. Deswegen schrieb Gott vor, die Israeliten mit Blut von Tieren zu entsühnen:

Denn des Leibes Leben ist im Blut, und ich habe es euch *für den Altar gegeben, dass ihr damit entsühnt werdet.* *Denn das Blut wirkt Entsühnung, weil das Leben in ihm* *ist. (3. Mose 17,11)*

Und soll etwas vom Blut des jungen Stieres nehmen und *es mit seinem Finger gegen den Gnadenstuhl sprengen;* *vor den Gnadenstuhl aber soll er siebenmal mit seinem* *Finger von dem Blut sprengen. Danach soll er den Bock,* *das Sündopfer des Volks, schlachten und sein Blut hinein-* *bringen hinter den Vorhang und soll mit seinem Blut tun,* *wie er mit dem Blut des jungen Stieres getan hat, und* *etwas davon auch sprengen gegen den Gnadenstuhl und* *vor den Gnadenstuhl und soll so das Heiligtum entsühnen* *wegen der Verunreinigungen der Israeliten und wegen* *ihrer Übertretungen, mit denen sie sich versündigt haben.*

So soll er tun der Stiftshütte, die bei ihnen ist inmitten
ihrer Unreinheit. (3. Mose 16,14-16)

Diese Tiere, die für die Entsühnung der Israeliten genutzt
wurden, mussten rein/unschuldig sein, weil es ja darum
ging, die Israeliten zu reinigen. Die Tiere übernahmen den
Platz und somit die Sünden der Israeliten und mussten damit
verbrannt werden. Sie waren Stellvertreter für die Israeliten
und starben an ihrer Stelle. Die Israeliten identifizierten sich
mit den Tieren. Die Tiere taten die Sühnung an ihrer Stelle,
nahmen ihre Sünden auf sich, weil sie selber die Sünde nicht
überwinden und töten konnten. Sie hatten kein reines Blut
in sich. Das reine Blut der Tiere sollte sie reinigen. Es reinigte
sie aber nicht oder nur teilweise. Leider halfen ihnen also
diese ganzen Rituale nicht langfristig, weil die Israeliten weiter sündigten. Die Tieropfer konnten ihnen keine Reinheit,
kein reines Gewissen vor Gott schenken:

Denn es ist unmöglich, durch das Blut von Stieren und
*Böcken Sünden wegzunehmen. (**Römer 10,4**)*

Tiere sind Tiere. Sie haben sich auch nicht selbst geopfert. Sie
wurden vielmehr getötet.

Das Gesetz Gottes mit seinen Vorschriften und Ritualen
mit Tieropfern konnte also dem Menschen nicht dabei helfen, sich von der Sünde zu trennen. Es wurde ihm vielmehr
gegeben, damit er weiß, dass er verloren ist, weil er allein das
Gesetz nicht halten kann. Verstehst du genau, was das bedeutet? Es heißt, dass deine Behauptungen, gut zu sein, nichts
Schlechtes getan zu haben, keine so großen Sünden begangen
zu haben, Gottes Gesetz zu folgen, falsch sind oder keinen
Sinn vor Gott haben. Anders gesagt, gelten vor Gott deine
folgenden Versuche, dich zu rechtfertigen keinesfalls: ich bin

doch gut; ich habe nur ein paar Mal gesündigt; ich habe nie getötet, also bin ich ein guter Mensch; ich helfe armen Menschen; ich bringe Opfer; ich gehe in die Gemeinde; ich zahle den Zehnten und noch mehr; ich tue meinem Nächsten nichts Böses, deswegen bin ich rein vor Gott usw. Egal was du besonders hervorhebst, getan zu haben, dennoch bist du vor Gott schuldig, weil du gesündigt hast. Infolgedessen hast du keinen Anspruch auf seine Güte. Jeder Mensch verdient wegen der Sünde den Tod und die Verdammnis in der Hölle. Trotzdem gab Gott dir das Gesetz, das dir zwar nicht half, das aber ein bestimmtes Ziel in der Zukunft hatte: Es bereitet dich auf das Kommen Jesu Christi vor, der das ganze Gesetz erfüllt hat, um dir zu erlauben durch den Glauben an ihn, durch ihn und in ihm zu leben und somit das Gesetz im Herzen geschrieben zu haben, danach zu leben, um am Ende in den Himmel zu kommen.

Ich möchte mit dir ein Erlebnis aus meinem Leben teilen, damit du die Gedanken in dem Kapitel besser nachvollziehen kannst. In den ersten Jahren meines Aufenthaltes in Deutschland war ich drei Wochen in einer Gastfamilie. Nach den drei Wochen suchte ich nach einer Wohnung und fand keine, die mir gefiel. Ich zog letztendlich auf ihren Vorschlag mit zur Tochter der Familie und bezahlte mit ihr die Miete. Manchmal hatte ich das Gefühl, als wir zu ihren Eltern, also meinen Gasteltern gingen, dass sie irgendwie über mich sprachen. Das brachte mich dazu manchmal zu glauben, dass sie mich vielleicht nicht mögen. Und das war nicht alles. Ich erzählte auch anderen Freunden, dass ich denke, dass sie mich nicht mögen. Dass ich vielleicht nicht gemocht bin, glaubte ich aber nicht nur von ihnen, sondern auch von anderen Menschen. Es mag dir nicht als Sünde vorkommen. Und das war auch meine Meinung damals, weil ich es nicht böse meinte. Die Gedanken waren in mir. Aber das war tatsächlich eine Sünde.

Denn wenn auch sie schlecht über mich redeten, sollte ich diese Gedanken, dass sie mich vielleicht nicht liebten, nicht haben. Sie waren immerhin gastfreundlich und haben mich in ihrem Haus empfangen. Als ich angefangen habe, die Bibel zu lesen und mich mit dem Gesetz Gottes zu beschäftigen, kamen Schuldgefühle über mich. Ich verstand, dass diese Gedanken in mir nicht gut waren. Ich musste mich bei ihnen und vielen anderen Leuten entschuldigen, weil ich über sie Dinge gedacht habe. Die Schuldgefühle waren so schmerzhaft. Ich hatte keine Ruhe vor ihnen. Sie belasteten mich ständig, bis ich um Entschuldigung bitten musste. Nachdem ich das gemacht hatte, hatte ich eine Zeit Ruhe. Und dann kamen noch einige dieser Gedanken hoch. Ich wollte sie loswerden und nicht mehr denken, dass jemand mich nicht mag, aber das gelang mir nicht. Sie waren da und konnten nicht gehen, nur weil ich wusste, dass sie sündhaft sind und sie nicht mehr im Kopf haben wollte. Das ist genau das, was das Gesetz macht. Es kann uns nicht von der Sünde befreien. Vielmehr macht es uns ihrer bewusst und verurteilt uns, weil wir es aus unseren Kräften nicht befolgen können. Das Gesetz ist gnadenlos. Wenn du etwas falsch machst und eine Person, die die Autorität hat, dich zu verurteilen, dir sagt, dass du in Schuld bist, hilft es dir nicht, besser zu werden. Es erinnert dich nur daran, dass du nicht gut und ein Sünder bist. Kommt im Gegenteil jemand, der dich begnadigt, wirst du von dieser Liebe überwältigt sein und dies wird dich automatisch dazu bringen, nicht mehr zu sündigen. Aus diesem Grund brauchen wir Jesu Christi Barmherzigkeit, Gnade und Geist, die uns mit Liebe begegnen, vergeben und erlauben, von Neuem mit Gott anzufangen. Das Gesetz tötet. Der Geist schenkt Leben.

Ich habe mehrmals versucht, viele andere Gedanken – unreine Gedanken, Suizidgedanken, Gewaltgedanken usw.

loszuwerden, ohne dass dies mir gelang. Denn ich stützte mich nicht ganz auf Gottes Kraft. Solange du dich für deine Befreiung nicht komplett auf das vollbrachte Erlösungswerk Christi, den Heiligen Geist schaust, wird dir das Gesetz sagen: Du bist Sünder, du verdienst eine Strafe, du schaffst es nicht... Und das ist die Wahrheit. Deine Kräfte haben Grenzen. Mit dem Heiligen Geist in dir aber wird die Sünde ihre Macht über dich verlieren, wirst du allmählich komplett vom Sünder zum Heiligen, von Herrlichkeit zu Herrlichkeit verwandelt, sodass das Gesetz dich dann nur loben und respektieren kann. Du bist es aber nicht, der das Lob verdient, sondern Jesus Christus, der uns den Heiligen Geist geschenkt hat und ohne den niemand zu diesen Wahrheiten kommen könnte. Es ist also der Glaube an das vollbrachte Erlösungswerk Jesu Christi am Kreuz und das Harren darin, der mich allmählich befreit hat.

Mit dieser Erfahrung kam ich auch zur Kenntnis, dass ich vor Gott, obwohl ich weiß, dass ich ein guter Mensch bin, nicht stehen kann. Verglichen mit anderen Menschen mag ich gut oder besser sein, weil ich nicht getötet und gestohlen habe. Aber gelogen habe ich schon – wenn auch das gar nicht böswillig war. Das reicht, um vor Gott schuldig und unrein zu sein. Am Licht des Gesetzes Gottes ist jeder Mensch schuldig, weil jeder gesündigt hat. Und keine deiner guten Taten können die schlechten wiedergutmachen. Stell dir einen ganz weißen Stoff vor, der befleckt wird. Wie sieht er dann aus? Er verliert seinen Glanz, seine Sauberkeit und Schönheit. Übertrag dieses Bild auf dich: Weiß, pur, rein und heilig von Gott erschaffen. Dann kommt – auch wenn nur eine Sünde – in dich hinein. Das verdirbt diese Reinheit. So wie der Fleck vom Stoff entfernt sein muss, bevor er wieder komplett weiß wird, müssen diese Sünde und ihre Wurzel in dir dann aus dem Boden deines Herzens getilgt werden, bevor du Gott wieder gefallen kannst. Diese Arbeit schafft das Gesetz nicht, sondern nur eine ehrliche und innige Beziehung zu Jesus Christus.

Denk auch über die folgenden Zeilen nach, wenn du nicht an Jesus Christus glaubst.

Viele Nicht-Gläubige sagen, dass sie Gott nicht kennen, trotzdem aber ein moralisches Leben führen. Sie denken, dass das reicht. Ich möchte dir sagen, dass es gut ist, dass du die Moral Gottes respektierst, ohne an ihn zu glauben. Dennoch ist es wichtig herauszufinden, ob diese Moral, von der du sprichst, wirklich Gottes Weisungen entspricht. Denn diese Welt ist voll von vielen falschen und immoralischen Lehren, die sich hinter dem Vorwand einer scheinheiligen Moral verstecken. Wenn du dich selbst als weise betrachtest, obwohl Gott nicht in dir ist, wenn er nicht die Quelle deiner Weisheit ist, das heißt derjenige, auf den und in dem deine Weisheit gegründet ist, dann ist deine Weisheit nicht viel wert. Weißt du warum? Es wird reichen, dass eine Person oder ein Ereignis dich wirklich nervt oder dir viel Leid hinzufügt und dich glauben lässt, dass es sich nicht lohnt, auf Dauer gut, lieb, geduldig, gerecht, weise, intelligent zu sein und ein moralisches Leben zu führen. Oder irgendetwas anderes wird reichen (z.B. ein Freund, der dir empfiehlt, nicht so gerecht, gut, moralisch usw. zu sein), um dich von deiner Moral abzuhalten, weil sie nicht von Gott stammt. Mit Gott als Grund und Quelle deines Lebens läufst du nicht das Risiko mal eine moralische Person zu sein und mal eine unmoralische und ungerechte. Sei also gut, gerecht, weise, intelligent, rein und heilig, aber in Gott. Lass nur Jesus Christus diese guten Charaktereigenschaften und Attribute in dir bilden. So wirst du auch immer demütig sein und Gott für alles danken, weil du weißt, dass du nicht ohne Gott ein vorbildliches Leben führst.

Deine Weisheit steht jetzt noch gerade auf Füßen, weil es in deinem Leben noch nicht kritisch ist.

Aber Gottes Weisheit ist ewig. Sie ist weder gebunden (an) noch abhängig von den Umständen dieses Lebens.

Gebet: Vater, gib mir mehr Verständnis und Offenbarung über dein Wort/ dein Gesetz und wofür du es uns gegeben hast. Zeig mir, was ich tun soll und was nicht. Sag mir auch, wie ich dir gefallen kann, wenn es für mich unmöglich ist, dein Gesetz zu befolgen. Im Namen Jesu Christi. Amen.

Fragen zum Kapitel: Nimm dir Zeit und sei auch bei den persönlichen Antworten ehrlich.

1. Kennst du das Gesetz Gottes? Kannst du klar und deutlich Gutes vom Bösen unterscheiden? Wie fühlst du dich, wenn du etwas Falsches getan hast? Schämst du dich und auch mit der Idee, dass eine andere Person es erfährt? Oder ist es dir gleichgültig?
2. Denkst du, dass dein sündiges Benehmen unbedeutend ist und keine Konsequenzen mit sich zieht? Versuchst du die Sünde zu überwinden/nicht mehr zu sündigen? Wenn ja, schaffst du es (langfristig) oder geht es über deine Kräfte hinaus? Wenn du es nicht schaffst, was könnte dir dabei helfen?
3. Wofür oder warum war den Israeliten das Gesetz gegeben? Wie konnten sich die Israeliten ein wenig von der Sünde reinigen? Worauf deutete das Gesetz hin?

TAG 5

*Gottes Barmherzigkeit, Gnade und
bedingungslose große Liebe – Jesus Christus*

Wie bereits im vorherigen Kapitel erwähnt, kann das Blut von Tieren keinen Menschen von der Sünde befreien. Auch die Fähigkeiten und Kräfte des Menschen reichen dafür nicht aus. Er kann es nur versuchen. Er schafft das aber nicht. Da möchte ich hier noch meine eigene Erfahrung bezüglich der Gedanken als Beispiel einführen:

Nachdem ich angefangen hatte, Gott zu suchen, und ich mir dessen bewusst wurde, dass schlechte Gedanken vor Gott verwerflich sind, habe ich versucht, sie zu bekämpfen. Das war ein guter Schritt. Es gelang mir aber nicht, diese Gedanken loszuwerden. Im Gegenteil wurde ich tierisch von meinen Gedanken gequält. In meinem Kopf war die Hölle los. Es kamen komische Gedanken – Gewalt-, Schimpf- und unreine Gedanken, auch Zwangsgedanken – in mich hinein, gegen die ich lange kämpfte. Es fühlte sich an, als würden sich scharfe Gegenstände wie Messer in meine Gedanken einschleichen, und wie eine Macht mich nutzen wollte, zuerst mir selbst und dann anderen Leuten Böses zuzufügen. Das alles passierte in meinen Gedanken. Oft vermied ich, Messer anzuschauen. Nachdem ich abgewaschen hatte, tat ich gleich das Messer in die Schublade, damit sich die schlechten Gedanken nicht in mir verstärken. Gewaltbilder und –filme lösten diese schlechten Gedanken in mir aus – bevor ich an diesen Problemen in den Gedanken leide, mochte ich sowieso gar nicht, mit Gewaltfilmen oder sonstigen Gewaltinhalten zu tun haben. Ich hätte sie nie in die Tat umgesetzt, weil es nicht meine Identität war und dessen war ich mir bewusst. Andere Menschen, die Gott gar nicht kennen, hätten vielleicht die Gedanken in die Tat umgesetzt. Schimpfwörter kamen in meinen Sinn gegen Menschen, die ich nicht einmal kannte, z.B. die ich im Fernsehen sah. Auch Selbstmordgedanken haben mich gequält. Die Schimpfgedanken, die unreinen Gedanken im sexuellen Bereich und die Gewaltgedanken kamen hauptsächlich von meiner Beziehung mit einem Mann, der in diesen Hinsichten kein moralisches Leben führte. Er hatte viele Freundinnen, dort wo ich vor ihm noch nie mit einem Mann war. Er schimpfte sehr gern und machte sich gern über andere lustig, was ich verabscheue. Er liebte Gewaltfilme, was für mich sehr belastend war. Da ich zusammen mit ihm intim war, nahm ich seine Unreinheiten in mich. Es ist nicht umsonst, dass Jesus Christus Christen sagt, nicht mit Partnern zusammen zu kommen, die nichts mit ihm zu tun haben, die nicht aufrichtig an ihn glauben.

Mein ein wenig weißes Kleid wurde durch diese Beziehung mehr befleckt. Das hat mein Leben verwelkt. Gäbe es nicht Jesus Christus, hätte ich keine Hoffnung auf eine Wiederherstellung gehabt und würde dies jetzt nicht erleben.

Der Teufel versuchte alles, um viele weitere Gedanken in meinen Kopf zu schießen, weil er sah, dass ich angefangen hatte, mich gegen die schon vorhandenen zu wehren. Das ist sein Ziel. Er will nicht, dass wir Menschen heilig leben, wie es Gott gefällig ist. Weil wir dann glücklich leben würden – das, was ihn stört. Ich war wegen dieser Gedanken und auch Zwänge, die ich schon länger mit mir herumschleppte, in einer psychiatrieähnlichen Anstalt. Die Therapie dort tat mir Gutes. Sie konnte mir aber nicht richtig helfen. Da ich es allein und mit der Therapie nicht schaffen konnte, diese Gedanken zu kreuzigen, musste ich mich an Gott wenden, an Jesu Christi Erlösungswerk am Kreuz glauben und mir seine Wahrheiten über die Gedanken aneignen, um dann befreit zu sein. Dies tat ich aber auch schon vor der Therapie. Ich las das Wort Gottes, meditierte darüber. Ich praktizierte es und sprach die Versprechungen Gottes über mich aus. Ich sprach die Verse über mein Leben aus, die mich von den bösen Gedanken befreien können.

Einige dieser Verse sind:

> *Weiter, liebe Brüder: Was wahrhaftig ist, was ehrbar, was gerecht, was rein, was liebenswert, was einen guten Ruf hat, sei es eine Tugend, sei es ein Lob – darauf seid bedacht!* **(Philipper 4,8)**

> *... und nehmt den Helm des Heils ... (**Epheser 6,17**)*

> *Wir zerstören damit Gedanken und alles Hohe, das sich erhebt gegen die Erkenntnis Gottes, und nehmen gefangen alles Denken in den Gehorsam gegen Christus.* **(2. Korinther 10,5)**

> *Wer nun mit Jesus Christus verbunden ist, wird von Gott nicht mehr verurteilt. (**Römer 8,1**)*

Ich habe einfach nur diese Verse in der Ich-Form über mein Leben, meine Gedanken ausgesagt und sie mir angeeignet, z.B.: »Ich zerstöre damit Gedanken und alles Hohe, das sich erhebt gegen die Erkenntnis Gottes«, »Ich nehme den Helm des Heils!« Ich habe daran geglaubt, dass es mich befreien wird, und es geschah! Die Verse der Bibel, die sagen, dass wir in Christus nicht mehr verdammt sind (siehe Römer 8,1) und dass Gott unsere Verfehlungen weit entfernt von ihm geworfen hat, so wie der Osten vom Westen liegt (siehe Psalm

103,12) und die ich schon in diesem Buch erwähnt habe, haben mich von Schuldgefühlen befreit. Wenn du schon Jesus Christus als deinen Retter angenommen hast oder an ihn glaubst, tu das auch, sprich die biblischen Wahrheiten über dich aus, die die Macht haben, dich zu befreien. Innerhalb von wenigen Tagen wirst du eine große Erleichterung, Verbesserung und Ordnung in deinen Gedanken und Situationen spüren.

Es ist nur Jesus Christus, der es schaffen konnte, die Sünde – böse Gedanken, Worte und Taten – ans Kreuz zu nageln, ihnen ihre Macht und Konsequenzen zu nehmen und uns sein reines Blut zu schenken. Nur wenn wir also an ihn glauben und seine Wahrheiten für jeden Bereich unseres Lebens über uns aussprechen, werden wir von all unseren Problemen befreit. Denn so weiß das Böse, dass wir die Wahrheit kennen, und fliegt davon. Jesus Christus sagte, dass wir die Wahrheit kennen werden und sie uns befreien wird:

Ihr werdet die Wahrheit erkennen, und die Wahrheit wird euch befreien! **(Johannes 8,32)**

Hast du diese Kenntnis nicht, wirst du nicht handeln und die Gedanken in dir lassen. Und das erfreut das Böse.

Gott hat uns für die Reinheit und Heiligkeit kreiert, nicht für die Sünde. Aus diesem Grund sind wir infolge der Sünde funktionsgestört geworden. Als Gott die Erde erschaffen hatte und Finsternis herrschte, sprach er Licht aus und das Licht kam. Das heißt aber nicht, dass die Finsternis verschwand. Es gab nach Gottes Wort Licht und das Licht war von der Finsternis getrennt, weil Licht und Finsternis nicht zusammengehören. Gott hat den Menschen gemacht und ihm gesagt, nichts mit der Finsternis zu tun zu haben. Es hat dem Menschen aber besser gefallen, Gott nicht zu beachten und in die Finsternis zu wandeln. – Da hat Gott den Menschen aus dem Paradies, dem Garten Eden, in dem der Mensch alles Gute zur Verfügung hatte, vertrieben. Du überlegst nun sicher, warum er das getan hat? Die Antwort ist leicht verständlich: Wenn der Mensch in der Sünde bleibt, trotzdem aber die Schätze Gottes genießt, wird er nie versuchen, wieder rein und heilig zu leben und somit mit Gott versöhnt zu werden. Wenn dein Kind dir nicht gehorcht, du es aber dennoch verwöhnst und ihm teure Dinge gibst, die es von dir verlangt, wird es sich nicht ändern. Dein Kind wird sehen, dass du nachgibst, obwohl es Schlechtes tut. Dadurch wird es nicht einmal wissen, dass es im Unrecht ist und sich besser benehmen sollte. Du würdest ihm schaden. So würde Gott dem Menschen auch nichts Gutes tun, wenn er ihm Zugang zum Paradies auf Erden gäbe, obwohl er sündigt. Der Mensch würde hier auf Erden alles zur Verfügung haben, sorglos in der Sünde leben, niemals leiden und denken, dass alles mit ihm normal wäre. Doch nach seinem Tod würde er nicht zurück zu Gott gehen. Das ist aber das Wichtigste: Das Leben nach dem Tod. Dass wir alle zurück zum Schöpfer in den Himmel gehen. Ich spreche hier für mich: Ich möchte lieber bei meinem Schöpfer sein. Das Leben hier sagt mir nichts mehr, seitdem ich die Offenbarung über Gott und den Himmel bekommen habe. Ich bleibe gern hier, nur weil ich weiß, dass Gott hier noch Pläne für mich, für andere durch mich hat. Wir sind nur Passagiere hier auf Erden. – Weil der Mensch also Gott verworfen hat, ist er jetzt in den Fängen der Mächte der Finsternis. Das Schlimme ist, dass der Mensch das nicht einmal weiß. Er denkt, dass die Sünde, die Probleme und das Leid auf Erden normal sind. Es ist aber eine Funktionsstörung.

Du bist mit mir einverstanden, dass wenn der Mensch

sich nicht dessen bewusst ist, dass er Sünder ist und das der Grund für sein Verlorensein ist, dass er nicht seine eigene Rettung suchen kann, oder? Und wenn er sich auch dieser Wahrheiten bewusst wäre, wäre es für ihn unmöglich, sich selber zu retten. Weißt du warum? Die Antwort findest du im vorangegangenen Kapitel. Er braucht für seine Rettung nämlich etwas Mächtiges, das er nicht in sich hat. Er braucht Reinheit, Heiligkeit, um gerettet zu werden. Er braucht reines Blut, das sein beflecktes Blut von den Unreinheiten befreien kann. Noch einmal: das Blut von Tieren kann dieses Werk der Reinheit und Heiligkeit nicht vollbringen:

Dabei hat Christus das Gesetz doch erfüllt, und somit ist es nicht mehr der Weg, um Annahme bei Gott zu finden. Wer Christus vertraut, wird von aller Schuld freigesprochen. (Römer 10,4)

Hast du also ein Problem in deinem Leben und gehst zum Beispiel zu einem Hexendoktor oder ähnlichem und sie empfehlen dir Tiere zu opfern, wird das dir eher noch mehr Probleme hinzufügen. Diese Leute haben sowieso auch nichts mit Gott zu tun. Wir Menschen können es aus unseren Kräften nicht, uns von Sünden und vor allem unserer Neigung zur Sünde zu befreien. So hörst du viele Menschen, die z.B. Lasten haben, sie aber überwinden wollen, nachdem sie gläubig geworden sind. Sie kommen aber nicht dazu, weil die Sünde viel stärker als sie ist. Es gibt Leute, die stehlen, lügen, verleumden, Zigaretten rauchen, ehebrechen, sexuell unmoralisch leben usw., die sich irgendwann ändern wollen, aber es gelingt ihnen nicht. Wenn sie es einmal schaffen, Ruhe vor den Süchten zu haben, holen diese sie doch wieder ein. Die Schwachheit des Menschen zeigt sich so. Genau das macht uns bewusst, dass wir nur Menschen sind und dass wir

Gott brauchen. Lies diese Verse des Paulus, die diese Wahrheit besser beschreiben:

Das Gesetz ist von Gottes Geist bestimmt. Das wissen wir genau. Ich aber bin nur ein Mensch und der Herrschaft der Sünde ausgeliefert. Ich verstehe ja selbst nicht, was ich tue. Das Gute, das ich mir vornehme, tue ich nicht; aber was ich verabscheue, das tue ich. Bin ich mir aber bewusst, dass ich falsch handle, dann stimme ich Gottes Gesetz zu und erkenne an, dass es gut ist. Das aber bedeutet: Nicht ich selbst tue das Böse, sondern die Sünde, die in mir wohnt, treibt mich dazu. Ich weiß wohl, dass in mir nichts Gutes wohnt. Zwar habe ich durchaus den Wunsch, das Gute zu tun, aber es fehlt mir die Kraft dazu. Ich will eigentlich Gutes tun und tue doch das Schlechte; ich verabscheue das Böse, aber ich tue es dennoch. Wenn ich also immer wieder gegen meine Absicht handle, dann ist klar: Nicht ich selbst bin es, der über mich bestimmt, sondern die in mir wohnende Sünde.

Ich mache also ständig dieselbe Erfahrung: Das Gute will ich tun, aber ich tue unausweichlich das Böse. Ich stimme Gottes Gesetz aus tiefster Überzeugung und mit Freude zu. Dennoch handle ich nach einem anderen Gesetz, das in mir wohnt. Dieses Gesetz kämpft gegen das, was ich innerlich als richtig erkannt habe, und macht mich zu seinem Gefangenen. Es ist das Gesetz der Sünde, das mein Handeln bestimmt. Ich unglückseliger Mensch! Wer wird mich jemals aus dieser tödlichen Gefangenschaft befreien? Gott sei Dank! Durch unseren Herrn Jesus Christus bin ich bereits befreit. So befinde ich mich in einem Zwiespalt: Mit meinem Denken und Sehnen folge ich

zwar dem Gesetz Gottes, mit meinen Taten aber dem
Gesetz der Sünde. (Römer 7,14-25)

Diese Verse bewundere ich immer wieder. Sie sind stark. Ich selber erlebe das oft in meinem Leben. Seitdem ich richtig gläubig geworden bin, kämpfe ich mit schlechten Gedanken und Gewohnheiten. Ich habe dir oben von den schlechten Gedanken erzählt, die mich lange geplagt haben, in einem früheren Kapitel auch, wie ich mit dem Essen von Süßigkeiten konfrontiert war und das nicht allein besiegen konnte. Es ist die Kraft des Wortes Gottes, das Blut oder Leben Jesu Christi, das in mich hineingekommen ist, das mir erlaubt hat, diese zerstörerischen Gedanken und Essgewohnheit zu bewältigen. Kein Mensch kann sich von der Sünde befreien, außer durch Jesus Christus. Er ist der einzige Mensch, der die Sünde, die Konsequenz der Sünde, die der Tod ist, und den Teufel besiegen konnte:

Das ist jetzt Wirklichkeit geworden, denn unser Retter Jesus
Christus ist gekommen. Und so lautet die rettende Botschaft:
Er hat dem Tod die Macht genommen und das unvergäng-
liche Leben ans Licht gebracht. (2. Timotheus 1,10)

Ihn, Jesus Christus müssen wir also in uns haben. Wir Menschen sind zu schwach. Auch die Tatsache, dass der Mensch das Gesetz genau kennt und also weiß, dass es vor Gott verwerflich ist, Sünde zu begehen, z.B. zu lügen, stehlen, verleumden, töten usw., hindert ihn nicht daran, das zu tun. Die Sünde in ihm ist viel stärker als er selbst. Das Gesetz hat keine rettende, sondern eine verurteilende und strafende Macht. Es bringt die Sünde, die Verurteilung und Schuldgefühle zum Vorschein. Einige Menschen zur Zeit Jesu, die zu den religiösen Autoritäten gehörten (wie Pharisäer, Hohepriester und Sadduzzäer), stellen ein schönes Beispiel für Gottes Gesetzkenner dar, die von Jesus als herzlos und böse bezeichnet wurden. Sie waren Teil der Menschen, die Jesus Christus, der die verkörperte Wahrheit und Liebe ist, zum Tode verurteilten. Sie warfen ihm zum Beispiel vor, Menschen am Sabbat zu heilen, weil es im Gesetz verboten ist, am Sabbat zu arbeiten. Wobei Jesus nicht einmal sündigte, sondern Gutes tat.

Das Gesetz zeigt kein Erbarmen und verstärkt die Wirkung der Sünde statt sie zu beseitigen. Deswegen lügst und verleumdest du weiter, obwohl du weißt, dass Gott es nicht mag. Deswegen stehlen Menschen, werden bestraft, ins Gefängnis geschickt, dann wieder freigelassen und begehen ihre Verbrechen weiter. Es kann nur eine innere Kraft sein, die sie zu diesen widrigen Taten drängt, weil kein Mensch bestraft und verhaftet werden will.

Der Mensch war verloren, bevor Jesus Christus auf Erden kam. Nachdem jeder Mensch die Sünde in sich hineingelassen hat, sollte er sie eigentlich wieder loswerden, bevor Gott ihn akzeptieren kann. Da das nicht möglich war, hat Gott eine andere Lösung gefunden, die er schon seit dem Sündenfall im Garten Eden angekündigt hatte:

Und Feindschaft setze ich zwischen dir und der Frau, / zwischen deinem Nachkommen und ihrem Nachkommen. / Er trifft dich am Kopf / und du triffst ihn an der Ferse. **(1. Mose 3,15)**

Die Feindschaft, um die es in diesem Vers geht, ist Jesus Christus. **Jesus Christus** ist für uns, er ist aber gegen den Teufel bzw. die Schlange. **Er ist der Feind des Teufels.** Gott sagte, dass er Jesus zwischen die Schlange/den Teufel und den Menschen setzen wird. »Frau« steht im Vers, weil Gott davor zu Eva sprach. Er meinte aber die Menschen generell. Er nutzte den Begriff »Frau«, weil es die Frau ist, die Leben schenkt. Lies auch den Vers davor:

> *Da sagte Gott, der HERR, zur Schlange: »Das ist deine Strafe: Verflucht sollst du sein – verstoßen von allen anderen Tieren! Du wirst auf dem Bauch kriechen und Staub fressen, solange du lebst! (1. Mose 3,14)*

Christus wird die Schlange am Kopf treffen oder treten. Das bedeutet so viel wie die Schlange wird besiegt. Sie wird sich gegen Christus wehren, aber könnte nichts anderes tun, als ihn nur an die Ferse zu treffen. Und das ist das, was Jesus Christus am Kreuz tat:

> *Gott hat den Schuldschein, der uns mit seinen Forderungen so schwer belastete, für ungültig erklärt. Ja, er hat ihn zusammen mit Jesus ans Kreuz genagelt und somit auf ewig vernichtet. Auf diese Weise wurden die Mächte und Gewalten entwaffnet und in ihrer Ohnmacht bloßgestellt, als Christus über sie am Kreuz triumphierte. (Kolosser 2,14-15)*

Damit Gott uns also wieder in sein Reich aufnehmen kann, musste ein Mensch den Preis für unsere Sünden zahlen: die Sünde kreuzigen, den Tod erleiden. Und dieser Mensch war er selbst. Gott kam auf Erden und machte sich dem Menschen gleich, um ihn zu retten. Er hat dich freigesprochen. Du warst ihm reines Blut und Heiligkeit schuldig. Du konntest es ihm nicht geben, also gab er es dir umsonst. Du brauchst nur es zu akzeptieren, daran fest zu glauben, **Jesus Christus liebzugewinnen und durch den Heiligen Geist in deiner Freiheit zu wandeln**. Der Teufel selbst, der dich dazu brachte, zu sündigen und Gott schuldig zu sein, wird alles tun, um dich ständig zu verurteilen, nachdem du Jesus angenommen hast. Die Stimme der Verurteilung oder Schuldgefühle in deinen Gedanken kommen hauptsächlich von ihm. Er will nämlich, dass du, auch wenn du Jesus Christus nachfolgst, dich immer schuldig fühlst. Denn so kannst du nicht vor Gott treten, entlastet sein und dein Erbe in Jesus Christus genießen.

Überlege einen Augenblick: wenn du dich vor dem Gericht schuldig fühlst, bist du dabei dem Richter zu sagen, dass du ins Gefängnis gehen sollst, oder? Genauso vermittelst du Gott auch die Botschaft, nicht würdig zu sein, seine Schätze zu bekommen, wenn du vor ihn mit Schuldgefühlen trittst. Zwar bist du nicht würdig, weil du es wegen der vielen Sünden und deiner Unfähigkeit, sie zu überwinden nicht verdienst, aber das ist genau die gute Nachricht: »**Alles haben nur durch Gnade.**« **Du bist ein neuer Mensch. Die Vergangenheit ist vorbei. Die Tafel der Sünde und Schuld ist durch das Blut Christi sauber gewischt.** In den Garten Eden können wir nun wieder treten, weil Gott uns Erbarmen, Barmherzigkeit, Gnade und somit bedingungslose Liebe beweist. Deswegen sollst du dem Teufel nicht erlauben, in dein Leben durch Verurteilung und Schuldgefühle zu sprechen. Wenn du deine Identität in Jesus Christus kennst, sollst du dir dessen bewusst sein, dass diese Anschuldigungen des Bösen grundlos und illegitim sind, und du solltest jede Verurteilung verwerfen. Natürlich gilt das nur, wenn du Jesus dein Leben schon anvertraut hast, deine Sünden bereut hast und weißt, dass es keine Rückkehr mehr zum alten Leben gibt. Kannst du dir vorstellen, was dieses Erlösungswerk Christi bedeutet? Es gibt keine größere Liebe als seine. Und **niemand verdient es**. Es ist **eine pure Gnade**, die dir aber nur zuteil wird, **wenn du an Jesus Christus glaubst**:

*Denn aus Gnade seid ihr gerettet durch Glauben, und das nicht aus euch, Gottes Gabe ist es; nicht aus Werken, damit niemand sich rühmt. (**Epheser 2,8-9**)*

*Jetzt aber ist ohne Gesetz Gottes Gerechtigkeit offenbart worden, bezeugt durch das Gesetz und die Propheten: Gottes Gerechtigkeit aber durch Glauben an Jesus Christus für alle, die glauben. (**Römer 3,21-22**)*

Du bist jetzt dank und durch Jesus Christus gerechtfertigt. Das heißt, Gott sieht dich nicht mehr als Sünder. Der Schuldschein, der wegen der Anforderungen des Gesetzes, die du nicht befolgen konntest, gegen dich sprach, wurde von Jesus am Kreuz gelöscht. Anders gesagt nahm Jesus deinen Platz ein, deine Schulden und ihre Folgen auf sich. Er vernichtete sie am Kreuz. Er entzog ihnen ihre Macht. Das, was du tun solltest und nicht tun konntest und was die Opfertiere vor dem Kommen Christi auch nicht schaffen konnten, hat Jesus Christus an deiner Stelle vollbracht. Denn wenn du anhand des Gesetzes gerichtet werden solltest, hast du verloren. Es steht nämlich im Alten Testament, dass die Person, die nicht das ganze Gesetz befolgt, verflucht ist:

*›Verflucht ist, wer sich nicht an dieses ganze Gesetz hält und danach lebt!‹ ›So soll es sein!‹ (**5. Mose 27,26**)*

Siehst und **verstehst du, wie groß und gütig Gott ist**? Jesus Christus hat deinen Fluch auf sich genommen. Er wurde Fluch, um dir Freiheit zu schenken – er, der heilig ist!

Christus aber hat uns losgekauft von dem Fluch des Gesetzes, da er zum Fluch wurde für uns – denn es steht geschrieben (5. Mose 21,23): »Verflucht ist jeder, der am Holz hängt« (Galater 3,13)

Wenn Gott – Jesus Christus dieses Erlösungswerk nicht vollbracht hätte, wenn er in seinem Himmel geblieben wäre, hätte er nichts Schlechtes getan, weil er die ersten Menschen davor gewarnt hatte, dem Teufel nicht zu gehorchen. Wir haben also keinen Anspruch darauf, dass Gott das alles für uns erleidet. Aber er hat es trotzdem getan. Ich weiß nicht, ob du die Tiefe dieser Worte, des Erlösungswerkes Jesu Christi sowie seiner Liebe wirklich verstehst. Das Wort Gottes ist nicht leicht zu verstehen. Das offenbarte Verständnis davon, das wir für unsere Befreiung brauchen, bekommen wir erst nach mehrmaligem Lesen. Meditiere deswegen über diese Worte. Lies diese Wahrheiten mehrmals in der Bibel.

Anfang 2019, als ich unerwartet meine Arbeit verlor, konnte ich die Zeit richtig nutzen, um in der Bibel zu lesen. Es war eine sehr schöne Zeit. Ich konnte über das Wort meditieren und Erkenntnisse und Offenbarungen über und von Gott bekommen. Eines Tages wurde mir plötzlich klar, was das bedeutet, dass Jesus Christus sein Blut für mich vergossen hat. Ich kann es nicht in Worte fassen. Das muss man selber erleben. Jedenfalls hatte ich die zweifelfreie Sicherheit, dass ich gerettet bin, dass Jesu Christi Blut mich gereinigt hat, dass nicht mehr mein Blut – Blut bedeutet so viel wie Leben –, sondern seins jetzt für mich vor Gott spricht, dass er mich unendlich liebt und deswegen für mich starb. Das war eines der Erlebnisse, die mich dazu gebracht haben, in den nachfolgenden Wochen die lebendige Gemeinde zu suchen, in der ich jetzt bin, und mich neu taufen zu lassen. Die Offenbarung des Erlösungswerks Christi kann im Laufe der Zeit tiefer werden, wenn du nicht nachlässt, Jesus Christus zu folgen und zu suchen. Denn vier bis fünf Jahre davor hatte ich während eines 21-tägigen Fastens mit Bibellesen und Gebeten meine ersten tiefen Kenntnisse vom Wort gehabt. Und bis heute erfahre ich immer weiter Neues von ihm. Ich versuche aber, dir das Erlösungswerk Jesu Christi noch durch eine Veranschaulichung leichter zu erklären:

Gott hat dir am Anfang gesagt, nicht zu sündigen, sonst wirst du sterben, das heißt, du wirst von ihm getrennt sein. »Tot und von Gott getrennt sein«, bedeutet so viel wie nach dem irdischen Aufenthalt nicht zu Gott zurückkehren zu können, sondern zum Teufel. »Tot und von Gott getrennt sein«, heißt, auf der Erde kein gutes Leben führen zu können – krank werden, Hunger erleiden, allerlei Probleme haben und leiden. Gott wusste, dass das alles passieren würde, wenn du ihm nicht gehorchst. Nun hast du ihm nicht gehorcht. Also bist du von ihm getrennt und leidest irgendwie. Dies bringt dich sogar dazu, zu denken und zu glauben, dass Gott nicht existiert. In diesem Zustand kann kein Mensch in den Himmel gehen – das mag hart oder knallhart klingen, es ist aber die Wahrheit. Es gibt nach dem Tod nur zwei Möglichkeiten: Entweder geht der Mensch zu Gott (Himmel) oder zum Teufel (Hölle).

Wer nicht an Gott (Jesus Christus) glaubt, bekennt automatisch, auch wenn er das nicht weiß, den Teufel. Immerhin weiß Gott das und konnte dank seiner großen und unendlichen Liebe nicht tatenlos zusehen. Es gab für den Menschen aber keinen anderen Weg, zu Gott zurückzukehren, außer dem des Kreuzes. Der Weg des »Kreuzes« ist der, bei dem der Mensch zunächst akzeptiert, dass er Sünder ist, dann zur Kenntnis kommt, dass er als Sünder nach seinem Tod nicht zu Gott zurückkehren wird, dass er egal, was ihm hier auf Erden passiert, sich entscheiden soll, ohne Sünde zu leben. Dabei muss er die Sünde kreuzigen, das heißt, egal was es kostet, muss er alles tun, um sich von der Sünde zu befreien und nicht mehr Sklave davon zu sein. Auf diesem Weg werden ihm Versuchungen, Widerstände und Leid begegnen. Weil der Teufel ihn erst recht bei dieser Entscheidung, die Sünde zu überwinden, quälen wird, damit er es nicht schafft. Der Mensch müsste aber stark und entschieden sein, um die Kreuzigung der Sünde bis zu Ende zu führen. Erst dann hätte der Mensch die Sünde überwunden, um mit Gott versöhnt sein zu können.

Wie du nun sicher verstanden hast, war und ist kein Mensch in der Lage das zu tun. Der Mensch weiß generell sogar nicht, dass er Sünder ist. Er weiß nicht mal, dass es einen Himmel (das Paradies) und die Hölle gibt. Er denkt, dass es nur Erfindungen des Menschen oder Märchengeschichten sind. Er weiß nicht, dass alle Menschen infolge der Sünde verdammt sind. Wie kann er dann daran denken und glauben, die Sünde zu kreuzigen, um rein und heilig vor Gott zu werden? Aus diesem Grund ist Gott selber auf Erden gekommen, um uns diese Wahrheit zu sagen und selber der Sünde ihre Macht zu nehmen, damit wir, wenn wir an ihn glauben, das gleiche tun können. Wir werden uns natürlich nicht wie Jesus Christus körperlich kreuzigen lassen. Es geht vielmehr um die Überwindung der Sünde.

Ohne das Erlösungswerk Jesu Christi sind wir alle verloren. Auch mit diesem Werk sind wir verloren, wenn wir nicht daran glauben. Denn, wie kannst du dich von der Sünde abwenden, wenn du an den nicht glaubst, der den Menschen diese Wahrheit brachte und ihnen dabei hilft? – Das ist nicht möglich.

Gottes Barmherzigkeit erweist sich dir in und durch Jesus Christus in der Tatsache, dass er dich die Folgen deiner Missetaten oder Sünden nicht mehr erleiden lässt. Natürlich kannst du diese Barmherzigkeit nur dann spüren, wenn du Jesus Christus nachfolgst, ihm dein Leben gegeben hast. Diese Konsequenzen der Sünde habe ich schon erwähnt. Lies sie nochmal in **1. Mose 3,16-24**. Es handelt sich um den geistlichen Tod, das viele Leiden in unserem Alltag.

In Römer steht geschrieben, dass wir alle Gottes Ruhm ermangeln:

denn alle haben gesündigt und ermangeln der Herrlich-keit Gottes und werden umsonst gerechtfertigt durch seine Gnade, durch die Erlösung, die in Christus Jesus ist. **(Römer 3,23-24)**

Denn der Lohn der Sünde ist der Tod, die Gnadengabe Gottes aber ewiges Leben in Christus Jesus, unserem Herrn. **(Römer 6,23)**

Gott weiß wohl, dass kein Mensch in der Lage ist, sein Gesetz hundertprozentig zu befolgen. Er kennt unsere Schwachheit. Er war selber hier auf Erden, im Fleisch als Jesus Christus und versteht die Hilflosigkeit des Menschen. Auf der anderen Seite ist es ihm auch bewusst, dass wir verloren und tot sind, dass wir seine Herrlichkeit nicht mehr ausstrahlen können, weil die Konsequenz der Sünde der Tod ist – und das verdienen wir, weil wir gesündigt haben. Das ewige Leben aber ist eine pure Gabe, da wir nichts dafür getan haben. Wir waren ge-nauso in der Sünde, als er es uns aus Liebe durch die Verge-bung der Sünden schenkte. Und wenn wir geistlich tot sind, ist es unmöglich, allein, aus unseren eigenen Kräften wieder göttliches Leben zu erlangen. Aus diesem Grund schaut er nicht mehr auf deine Sünden. Er hat sie komplett am Kreuz gelöscht. Er vergibt sie uns und gibt uns die Möglichkeit neu anzufangen. In der Bibel steht sogar, dass er unsere Misseta-ten so weit weg von uns entfernt, wie der Westen vom Osten liegt:

So fern, wie der Osten vom Westen liegt, so weit wirft Gott unsere Schuld von uns fort! **(Psalm 103,12)**

Durch ihn kennst du diese Wahrheit und weißt, dass es nun doch möglich ist, nicht mehr in der Sünde zu leben – denn wenn wir ohne ihn gesündigt haben und er uns durch seine große Liebe die Gnade schenkt, wieder neu anzufangen, sollen wir nicht mehr in der Sünde sitzen. Das schaffst du zwar nicht allein, aber er – Jesus Christus ist da! Er hilft dir dabei, ein heiliges Leben zu führen. Das geschieht, indem du ihn als deinen Erlöser und Retter empfängst, ihm dein Leben gibst und wenn du ihn dich verändern lässt. So macht er aus dir eine neue reine und heilige Vase, bereit für seine Werke, die er vorbereitet hat, dass du sie vollbringst:

*Denn wir sind sein Werk, geschaffen in Christus Jesus zu guten Werken, die Gott zuvor bereitet hat, dass wir darin wandeln sollen. (**Epheser 2,10**)*

Wenn du fällst, kannst du gleich wieder aufstehen, ihn um Vergebung und Kraft bitten, nicht mehr zu sündigen.

Wegen des ersten (fleischlichen) Menschen »Adam«, der gesündigt hat und aus dem du stammst, bist du Sünder und erlebst die Konsequenzen der Sünde. In der Bibel steht »Fleisch« für die Seite an uns, die offen für Sünde ist, die sich verführen lässt. Dem gegenüber steht »Geist«, das ist die Seite, die auf Gott hört. Dank Jesus Christus aber, dem letzten (geistlichen) Menschen, erhältst du eine letzte Chance, deine Sünden tief zu bereuen, die Vergebung durch Jesus Christus zu erhalten und ein neues reines und heiliges Leben in ihm anzufangen. Lies die folgenden Verse:

*Gehört also jemand zu Christus, dann ist er ein neuer Mensch. Was vorher war, ist vergangen, etwas völlig Neues hat begonnen. (**2. Korinther 5,17**)*

Wie der Irdische, so sind auch die Irdischen; und
wie der Himmlische, so sind auch die Himmlischen.
(1. Korinther 15,48)

In Christus bist du komplett neu erschaffen, ohne Sünde. So hast du in ihm durch den Glauben, aus Gnade das Heil, die göttliche Gesundheit, Erfolg in deinen Unternehmen, viel Segen. Es gibt in ihm keine Verurteilung und Schuldgefühle mehr. Wenn diese Dinge dich stören und quälen, nachdem du Jesus Christus dein Leben gegeben hast, dann sollst du wissen, dass es der Teufel ist, der alles daran setzt, um dich in Ketten zu halten, damit du keinen Glauben mehr hast oder du Gott nicht frei dienen kannst. Bete in diesem Fall entsprechend und mit Autorität, bis du deine Freiheit in Christus genießen kannst. Bettle nicht im Gebet, sondern eigne dir die Wahrheiten Gottes für dich an. Sag z.B. in Bezug auf *Römer 8,1*, dass es keine Verdammnis mehr in Jesus Christus gibt, dass du dementsprechend nicht verurteilt sein kannst, dass du frei bist usw. Wenn du in Christus bist, dann bleib in ihm, lass das Irdische hinter dir (Sünde, Fluch, Schuld usw.). Glaube und eigne dir die Vorteile der Erlösung an.

Es hat gereicht, dass Adam einmal sündigt, damit wir alle auch mit ihm in den Tod hinweggerafft werden. Adam war fleischlich/irdisch, anders gesagt, der Sünde verkauft. Er hat uns den Ungehorsam gegenüber Gott als Erbe gegeben und wir sündigen und sind auch fleischlich. Ohne Jesus Christus empfangen zu haben, stammst du von ihm und bist auch der Sklave der Sünde. Da kann man hier auf Erden nicht ohne die Konsequenzen der Sünde leben und nach dem Tod geht es in die Hölle. Das sagt die Bibel, nicht ich. Aber mit Jesus Christus verhält es sich ganz anders und viel mächtiger, weil wir so viele unzählige Sünden begangen haben und trotzdem durch ihn reichlich begnadigt werden. Er hat uns den

Gehorsam zu Gott als Erbe geschenkt. Jeder Mensch, der ihn als seinen Retter und Erlöser angenommen hat, und in seinen Fußstapfen wandelt, ist nicht mehr Sklave der Sünde, sondern lebt in der Reinheit und Heiligkeit. Es verhält sich so, als hätte er nie gesündigt. Dieser Mensch ist himmlisch. Er wird den Rest seines irdischen Lebens in der Gnade und im Segen leben und am Ende seines Aufenthaltes auf Erden in den Himmel gehen:

[...] Adams Schuld hatte Folgen für alle Menschen. Insofern ist er das genaue Gegenbild zu Christus, der kommen sollte, um uns zu erlösen. Freilich lässt sich die Erlösung, die uns Christus geschenkt hat, nicht mit Adams Verfehlung vergleichen. Denn durch das Vergehen des einen wurde die gesamte Menschheit dem Tod ausgeliefert; durch Jesus Christus aber, diesen einen Menschen, haben alle in überreichem Maß Gottes Barmherzigkeit und Liebe erfahren. Was Gott uns durch Christus geschenkt hat, kann man nicht auf eine Stufe stellen mit dem, was aus Adams Sünde folgte. Gottes Urteilsspruch brachte wegen der einen Sünde von Adam die Verdammnis; was Christus getan hat, brachte trotz unzähliger Sünden den Freispruch. Hat aber die Verfehlung eines einzigen Menschen zur Herrschaft des Todes geführt, um wie viel mehr werden dann alle, die Gottes überreiche Barmherzigkeit und seine Vergebung erfahren haben, durch Jesus Christus leben und mit ihm herrschen! Es steht also fest: Durch die Sünde eines einzigen Menschen sind alle Menschen in Tod und Verderben geraten. Aber durch die Erlösungstat eines einzigen Menschen sind alle mit Gott versöhnt und bekommen neues Leben. Oder anders gesagt: Durch Adams Ungehorsam wurden alle Menschen vor Gott schuldig; aber weil Jesus Christus gehorsam war, werden

sie von Gott freigesprochen. Das Gesetz aber kam erst
später hinzu. Es sollte das volle Ausmaß von Adams Ver-
fehlung ans Licht bringen. Denn wo sich die ganze Macht
der Sünde zeigte, da erwies sich auch Gottes Barmher-
zigkeit in ihrer ganzen Größe. Denn so wie bisher die
Sünde über alle Menschen herrschte und ihnen den Tod
brachte, so herrscht jetzt Gottes Gnade: Gott spricht uns
von unserer Schuld frei und schenkt uns ewiges Leben
durch Jesus Christus, unseren Herrn. **(Römer 5,14-21)**

Gottes große Liebe, Barmherzigkeit und Gnade lassen sich
nicht in Worte fassen. Es ist unglaublich groß. Er, der Gehorsam ist, sich selber treu ist; er der weiß, dass er sowieso nie
sündigen wird; er, der nicht braucht, irgendwem zu beweisen,
dass er als Mensch sich selbst gehorsam bleiben wird, hat entschieden auf Erden zu kommen, um dir den Weg zurück zu
ihm zu zeigen – den Weg der Liebe, des Heils, des Segens,
der Demut, des Gehorsams, des Glaubens, der Weisheit, des
Leides (für eine Zeit), der Reinheit und Heiligkeit. Er musste
das nicht tun. Nein! Er hat es so ausgewählt. Er hat sich klein
gemacht. Er hat sich erniedrigt. Er hat sich demütigt. Er hat
seine Macht als Gott nicht genutzt, nur weil er komplett wie
ein Mensch leben wollte:

Obwohl er in jeder Hinsicht Gott gleich war, hielt
er nicht selbstsüchtig daran fest, wie Gott zu sein.
(Philipper 2,6)

Das alles tat er, weil er dich unendlich und bedingungslos
liebt. Dir lässt er aber die freie Wahl, dieses Werk der Erlösung anzunehmen.

Der Beginn eines neuen Lebens mit Gott fängt mit einer
tiefen Reue an. Wir sollen unsere Sünden bekennen, wir müs-

sen erkennen, dass wir nur Sünder sind und dass wir keinen Anspruch auf irgendetwas von Gott haben. Auf diese Weise bekennen wir unsere Not und das Bedürfnis nach einem Retter. Dann bitten wir Jesus Christus um Vergebung und empfangen ihn in unsere Leben. Er zeigt uns dann allmählich, wie wir in ihm wachsen – durch tägliches Gebet, Bibellesen, Liebe usw.

Gebet: Vater, ich danke dir unendlich für deine Liebe für mich/uns Menschen. Ich möchte dir sagen, dass ich dich auch unendlich liebe. Dein Tod am Kreuz für mich ist ein Mysterium, ein Liebesbeweis, den ich hier, auf Erden bestimmt nie völlig ergreifen werde. Hilf mir, es aber besser zu verstehen. Zieh mich immer näher an dich heran. Hilf mir dabei, meine Zweifel, was dein Erlösungswerk anbelangt, zu überwinden. Hilf mir dabei, dir mein Herz zu öffnen und dich in meinem Leben zu empfangen. Im Namen Jesu Christi. Amen.

Fragen zum Kapitel:

1. Es ist klar, dass Menschen vor der Sünde, ihren Konsequenzen und vor Gottes Gesetz ohnmächtig sind. Was ist die Konsequenz der Sünde? Wo würden die Menschen nach dem Tod landen, wenn sie in der Sünde blieben? Wer ist die Rettung für die Menschen in dieser ausweglosen Situation?

2. Was hat Gott für die Menschheit gemacht, damit sie zum Heil kommen? Was bedeutet dieses Heil konkret für die Menschen? Wohin werden die Menschen gehen, die zu ihren Lebzeiten Jesus Christus als Retter und Erlöser empfangen haben?

3. Was ist die Botschaft dieses Erlösungswerks Jesu Christi für die Menschen? Ist das ein Verdienst oder eine Gnade? Begründe deine Antwort.

Teil 2 –
5 Tage zur Beziehung mit Gott

Unsere Liebe und Beziehung mit ihm

Tag 6

Was ist unter »Beziehung mit Gott« zu verstehen?

Warum mit Gott Gemeinschaft pflegen?

Ich hoffe, dass du im ersten Teil dieses Buches mehr über Gott erfahren konntest. Viele Wahrheiten sind darin enthalten, die du dir nur aneignen kannst, nachdem du es mehrmals durchgegangen bist. Manche Wahrheiten kennen wir, aber weil wir nur eine leichte Ahnung oder ein oberflächliches Verständnis von ihnen haben, ändern sie uns nicht. Wir brauchen offenbarte Kenntnisse, die uns heilen, befreien usw. Deswegen sagte Jesus Christus, dass wir die Wahrheit erkennen werden und sie uns befreien wird:

> *Ihr werdet die Wahrheit erkennen, und die Wahrheit wird euch befreien!* **(Johannes 8,32)**

Dafür müssen wir die Wahrheiten/das Wort Gottes mehrmals lesen, hören – so viel wie möglich, bis wir sie verinnerlicht haben und sie in und durch uns wirken. Du brauchst das tiefe Verständnis dieser ersten fünf Kapitel, um Gott besser kennenzulernen. Du benötigst dafür noch mehr das tägliche Bibellesen, das dich Gott näher bringen wird. So könntest du dich leichter dafür entscheiden – wenn du noch nicht zu Jesus Christus gefunden hast –, mit Gott eine Beziehung zu haben und pflegen. Nun möchte ich kurz einen Überblick über die vorherigen Kapitel geben und anschließend zum Thema »Beziehung mit Gott« übergehen.

Es gibt wirklich einen Gott, der über alles hocherhoben ist. Er hat alles erschaffen. Ohne ihn gäbe es nichts, auch dich nicht. Du lebst heute noch dank ihm. Alles in der Welt bezeugt die Existenz Gottes. Deine Ohnmacht und Grenzen bestimmten Situationen gegenüber zeigen, dass du nicht dein eigener Gott bist, sondern einen Gott brauchst, der außerhalb von dir existiert und dir deshalb wirklich helfen kann.

Gott ist groß und allmächtig. Er ist Liebe. Er ist gütig. Er will nur das Wohl des Menschen. Er hat den Menschen für die Liebe, die Reinheit und Heiligkeit – ein Leben ohne Sünde – erschaffen. Wenn die Menschen ihm gehorsam geblieben wären, gäbe es heute kein Leid auf Erden.

Der Mensch hatte die Wahl, entweder Gott oder dem Teufel zu folgen. Gott hat ihm den freien Willen gegeben, weil er kein Despot ist. Er wollte nicht, dass die Menschen wie Marionetten sind und keine Entscheidung über ihr Leben haben. Wenn Gott uns keinen freien Willen gegeben hätte, müsste er uns dazu führen, sogar zwingen Gutes zu tun. Wer mag schon zu irgendetwas ohne seine Einwilligung getrieben werden? Für Gott sind wir keine Puppen, sondern Menschen. Da das Herz des Menschen aber eher zum Bösen tendiert, hat er sich für die Sünde entschieden. So erlebt er nun die Konsequenzen der Sünde.

Der Mensch sündigt und will nicht von diesem Weg abweichen, obwohl Gott ihm ein Gewissen gegeben hat, das ihm erlaubt Gutes vom Bösen zu unterscheiden. Gott musste dann dem Menschen das Gesetz geben, damit er nicht mehr sagt, dass er nicht weiß, was gut ist und was nicht. Leider war der Mensch auch mithilfe des Gesetzes ohnmächtig. Es half ihm nicht, besser zu werden, nachdem er gelesen, gehört, erfahren und gewusst hatte, was gut und was böse ist. Er versucht, sich dem Gesetz zu fügen, schafft es aber nicht, weil die Sünde in ihm ist. Sie ist stärker als er. Die Sünde kann dem Gesetz nicht gehorchen.

Da bringt Gott den Menschen zur Erkenntnis des genauen

Sinns des Gesetzes: Gott gab uns das Gesetz nicht, damit wir von der Sünde befreit werden, sondern er wollte uns zeigen, dass wir infolge der Sünde so schwach, tot und funktionsgestört geworden sind, dass es uns fortan nicht mehr möglich ist, seine Regeln und Satzungen zu beachten. Das hatte er Adam gesagt: Wenn er vom verbotenen Baum isst, wird er sterben. Der Mensch ist nach dem Sündenfall nicht mehr in der Lage Gutes zu tun, auch wenn er weiß, was gut ist.

Du denkst und sagst dir sicher, dass du doch Gutes tust: vor Gott heißt »Gutes tun« aber »Auf der ganzen Linie Gutes tun, nicht nur ein bisschen«, »Keine Sünde, nicht mal eine einzige Sünde begehen«. Egal, welche guten Taten der Mensch vollbringen mag, ist er verloren, weil er sowieso sündigt. Vielleicht hast du gestohlen und nicht getötet und denkst, du wärst besser als andere Menschen. Genauso kann auch eine andere Person von sich behaupten, dass sie sich vorbildlicher benommen hat als du, weil sie lediglich gelogen hat. Wir finden immer bessere und schlechtere Menschen als uns. Dass du vielleicht besser bist als dein Nächster, hat kein Gewicht vor Gott und zählt nicht. Wer gesündigt hat, egal wie klein er die Sünde schätzen mag, hat gesündigt. Und jede Sünde ist vor Gott abstoßend, weil er sie hasst. Und jede Sünde führt zum Tod.

Einer der Gründe, warum Gott alle Menschen gleich behandelt, egal welche Sünde sie begangen haben, ist: Menschen erleben unterschiedliche Umstände. Eine Person, die nie gelogen oder gestohlen hat, hat bisher vielleicht noch nie eine so schwierige Situation erlebt, die sie dazu verführt hat, zu lügen beziehungsweise zu stehlen. Da kann sie nicht hundertprozentig von sich sagen, dass sie nie gelogen oder gestohlen hätte. Und Gott weiß das alles, weil er unsere Herzen kennt. Auch gibt es Menschen, die eine bestimmte schlechte Tat nicht begangen haben, in ihren Gedanken haben sie aber schon mehrmals darüber meditiert. Sie würden sagen, dass sie diese Handlung nicht ausgeführt haben, dass sie nicht gesündigt haben. Jesus Christus sagt aber ganz klar, dass wer in seinem Herzen ehegebrochen hat, der hat es bereits ausgeführt:

> *Doch ich sage euch: Schon wer eine Frau mit begehrlichen Blicken ansieht, der hat im Herzen mit ihr die Ehe gebrochen. (**Matthäus 5,28**)*

Die Sünde fängt also bereits mit und in den Gedanken an.

Gott wollte dem Menschen mit dem Gesetz sagen: du kannst es nicht befolgen. Wenn du es versuchst, erwidert die Sünde in dir »nein«. Ich sage dir nicht zu lügen, lästern, verleumden, stehlen, nicht ehezubrechen usw. Aber du schaffst es höchstens nur ein paar Male und schon wieder stolperst du. Mit der Sünde und auch wenn er das Gesetz kennt, kann der Mensch also nicht vor Gott stehen. Gott ist zu sauber, rein, heilig. Der Mensch aber unrein.

Deswegen braucht der Mensch einen Retter. Denn das **Endziel** ist die **Wiederherstellung** der **Beziehung mit Gott**. Die Sünde – angefangen bei Adam und Eva – hat eine große Kluft zwischen Gott und den Menschen geschaffen. Diese Kluft hindert sie daran mit Gott eins zu sein, zu ihm zu beten, die Erhörung der Gebete zu bekommen und normal zu leben. Es ist genau diese Beziehung zwischen Gott und den Menschen, die alles Gute in ihrem Leben ermöglichen kann. Wie soll das nun geschehen? Jesus Christus hat es ermöglicht. Er kam auf Erden, um uns den Weg zurück zu Gott zu zeigen. Er hat den Preis gezahlt. Er starb für uns. Er nahm der Sünde und ihren Konsequenzen ihre Macht. Das ist die größte Botschaft, die es für die Menschen gibt. Jesu Christi Erlösungswerk am Kreuz versöhnt uns mit dem Vater im

Himmel. Denn wenn wir an ihn glauben und in seine Fußstapfen treten, dann sind wir komplett von der Sünde und ihren Konsequenzen befreit. Dann können wir mit reinem Gewissen vor den Gnadenthron treten, zu Gott beten, mit der Zuversicht, dass er uns hört und erhört. Das was ohne Jesus Christus unmöglich ist. Denn nur er konnte die Sünde überwinden und uns erlauben, es auch zu tun. Er ist der Erste und Einzige, der das getan und uns den Weg dafür gebahnt hat.

Die folgende Veranschaulichung hilft dir noch mehr, das Erlösungswerk Jesu Christi für uns besser zu verstehen:

Stell dir vor, dass du einer Person viel Geld schuldest, das du ihr nicht zurückgeben kannst. Die Situation wird bedrohlich, du könntest ins Gefängnis geschickt werden. Eine andere Person sieht die traurige Lage, in der du steckst, und hat Erbarmen mit dir. Sie gibt dem Gläubiger das Geld und befreit dich. Das ist genau das, was Jesus Christus für dich getan hat. Das, was du Gott schuldetest, ist »reines, heiliges Blut/Leben«. Da du gesündigt hast und es Gott nicht geben kannst, hat es Jesus Christus an deinem Platz gemacht, damit du durch ihn zurück zum Vater kommen kannst. Jesus Christus hat nämlich nie gesündigt. Sein Leid war also unbegründet, ungerecht. Denn die Schmach, die er hinnahm, hätten eher wir erleiden müssen. Er hat die Konsequenzen unserer Sünden erlitten. Aus diesem Grund muss jeder, der mit Gott versöhnt sein will, unbedingt Jesus Christus als seinen Retter und Erlöser annehmen. Sonst kann er kein reines und heiliges Leben führen:

*Denn es ist ein Gott und ein Mittler zwischen Gott und den Menschen, nämlich der Mensch Christus Jesus, der sich selbst gegeben hat als Lösegeld für alle, als sein Zeugnis zur rechten Zeit. (**1. Timotheus 2,5-6**)*

Jeder Mensch, der also noch nicht zu Jesus Christus gefunden hat, ist dabei, einiges in seinem Leben zu verpassen. Denn ab dem Moment, wo der Mensch ihn angenommen hat, tritt er ins Reich Gottes und fängt an, die Privilegien des Reichs zu genießen – Heil, Gemeinschaft mit Gott, göttliche Gesundheit, Erfolg in Unternehmen usw.

Ich möchte nun weiter darauf eingehen, warum eine Beziehung mit Gott wichtig ist. Gehen wir vorerst auf die Bedeutung von »**Beziehung mit Gott**« ein:

Das Wort *Beziehung* bezeichnet das **Zusammensein** für ein bestimmtes Ziel **zwischen zwei oder mehreren Personen**. Es kann im privaten, persönlichen, freundschaftlichen, partnerschaftlichen Bereich sein. Beziehung geschieht auch im öffentlichen Rahmen, z.B. zwischen Organisationen, auf der staatlichen Ebene zwischen mehreren Nationen usw. *Beziehung* ist eine menschliche Form des Austausches. Dieser Austausch kann materiell und bedingt sein, aber auch selbstlos. Letzteres stellt die beste Form von Beziehung dar. Auf der Liebesebene soll Beziehung auf jeden Fall aufopfernd erfolgen. Das lehrt uns Gott.

Eine echte *Beziehung* mit Gott soll von Liebe geprägt sein, das heißt sie ist nicht von irgendwelchen weiteren Interessen geleitet oder durch Bedingungen motiviert. Wenn wir *Beziehung* **mit Gott pflegen**, setzt es vor allem voraus, dass wir **ihn kennen,** dass wir wissen, was es heißt, mit Gott zusammen zu kommen. Wir **lernen ihn kennen**. Dann gewinnen wir ihn lieb und **kommen** mit ihm **zusammen**. Das heißt, dass eine Person, die Gott ablehnt, Gott nicht liebt, keine Beziehung mit ihm führen kann. Diese Person ist von ihm getrennt.

Denke über *Beziehung* auf Menschen bezogen nach. Du wirst dann auch *Beziehung* mit Gott besser verstehen können.

Wenn es für Menschen möglich ist, sich zu lieben und Beziehungen erfolgreich zu führen, ist es dank Gott so. Denn er ist der Schöpfer von allen guten Dingen, auch von der Beziehung. *Beziehung* mit Gott pflegen ist: sich **jederzeit** über ihn **freuen**; es **eilig** haben, **in seine Gegenwart** zu **kommen** und **von ihm zu erfahren** und zu **hören**; ihn **grüßen**, wenn wir aufstehen; **Zeit mit ihm verbringen**; **mit ihm sprechen**; **ihm Fragen stellen**; unsere **Bedenken, Sorgen** und **Freuden** vor ihn bringen; ihm für unser Leben und alles **danken**, was er für uns bisher gemacht, uns gegeben hat und was er noch tun wird; ihn **loben** und **preisen**. Wir **brennen darauf, alles mit Gott zu tun, ihn** in **alles**, in all unsere Angelegenheiten, sogar Einzelheiten **mit einzubeziehen** – in unsere Entscheidungen, Wünsche, Gedanken, Worte, Arbeiten, Emotionen, Gefühle, in unseren Alltag. Wir **befragen** ihn über unsere **Projekte**, **warten geduldig** darauf, dass **er** uns seine **Meinung dazu gibt** und **zustimmt**, bevor wir sie in Gang setzen, einfach, weil wir ihm **vertrauen** und wissen, dass er das Beste für uns will. Das erspart uns Fehler, Verluste, Enttäuschungen, die wir später bedauern könnten, wenn wir ihm nicht gehorchten.

Eine *Beziehung* mit Gott pflegen bedeutet daher auch ihm **Gehorsam** entgegenbringen, weil er Gott ist. Gott macht nie Fehler. Wenn er uns dann sagt, »*tu dies*«, »*tu das nicht*«, dann weiß er warum und wir sollen wissen, dass er in unserem Interesse spricht.

Um Gott zu gehorchen, müssen wir **seine Stimme hören können**, denn nur so nehmen wir wahr, was er uns sagt und empfiehlt, was er von uns erwartet. Dies **geschieht in seinem Wort**, in **Gebeten**, während des **Fastens**. **Träume, Visionen, gesalbte Predigten, Worte**, die von Gläubigen oder auch generell von Menschen ohne christlichen Hintergrund stammen, **triviale Geschehnisse** oder Erlebnisse sind ebenso

Kanäle, wodurch Gott seine Absichten kundtun kann. In 4. Mose 22 sprach er zu Bileam, einem Seher, durch dessen Esel:

Da tat der HERR der Eselin den Mund auf, und sie sprach zu Bileam: Was hab ich dir getan, dass du mich nun dreimal geschlagen hast? (4. Mose 22,28)

Gott ist ideenreich und kann unterschiedlich sprechen und handeln. Indem wir *Beziehung* mit Gott pflegen, zeigen wir ihm, dass er der Schöpfer von allen Dingen und von uns ist. Wir erwidern ihm durch die Beziehung seine Liebe und beweisen ihm unsere Liebe. Wir erkennen dadurch, dass wir nur Menschen sind, unsere Leben nicht selber steuern können und ihn somit brauchen. Wir machen ihm den ganzen Platz, der ihm gebührt. Wir demütigen uns vor ihm und er erhöht uns:

Demütigt euch vor dem Herrn! Und er wird euch erhöhen. (Jakobus 4,10)

Der Mensch braucht keine Religion. Im Himmel wird uns Gott nicht fragen, ob wir einer Religion, Denomination oder Konfession angehören. Klares Nein! Gott/Jesus Christus ist keine Religion. Er wünscht sich vielmehr, dass wir eine Beziehung mit ihm eingehen und pflegen. Denn nur dadurch können wir ihm ähnlich werden, seine Zeugen sowie Lichter in dieser kaputten, verdorbenen und von der Sünde verschmutzten Welt werden und Menschen Hoffnung bringen. Wozu führt das, wenn du behauptest, dass du an Jesus Christus glaubst, in die Gemeinde gehst, deinen Zehnten bezahlst, deinen Nächsten liebst und niemandem Böses antust, wenn du die Quelle der Liebe nicht einmal kennst? Du kannst diese ganzen Werke nicht angemessen tun, wenn Jesus Christus nicht im Zentrum deines Lebens ist. Dafür sollst du ihn an deinem Leben teilhaben lassen, mit ihm verbunden sein. Nur er kann dir die Kraft und den Eifer geben, die oben genannten Werke auszuführen.

Ohne die Beziehung mit Gott wirst du denken, dass du diese Werke von dir selbst tust und dass du damit das Heil verdienst. Du würdest dir die Rettung durch Jesus Christus erkaufen wollen. Wobei es eher die Rettung ist, die du bereits und umsonst durch und in Jesus Christus hast, die dir die Möglichkeit gibt, gute Werke für Gott zu verwirklichen. Ohne das Heil in Jesus Christus sind all unsere Werke nichtig. Sie haben keinen Sinn, höchstens vor Menschen, aber nicht vor Gott, weil wir durch unsere Werke nicht in den Himmel gehen können. Das können wir nur durch Jesu Christi Erlösungswerk.

Warum soll der Mensch überhaupt **Gemeinschaft mit Gott** haben? Gott sehen wir doch nicht! Jetzt möchte ich gern ein bisschen Licht in diese Frage bringen.

Die ersten fünf Kapitel des Buches geben nämlich viele Antworten auf diese Frage. Es gibt trotzdem immer zusätzliche Wahrheiten, die das Verständnis erleichtern können.

Ein Mann und eine Frau kommen zusammen, um eine Beziehung zu führen, wenn sie sich lieben. Wenn sie sich gern haben, heiraten, trotzdem aber getrennt leben, wird unbedingt etwas in der Beziehung fehlen. Liebst du Gott? Wenn ja, sollst du auch seine Nähe suchen. Sonst kannst du diese Liebe, die er für dich hat, nicht spüren und ihm deine Liebe nicht zeigen. **Damit** der **Mensch** so **lebt, wie Gott** es **gedacht hat**, sollte er **unbedingt mit Gott versöhnt** und **zusammen** sein. Für einen Gläubigen ist die Beziehung mit Gott unabdingbar.

Ein Kind kommt vom Mutterleib und sollte zunächst und idealerweise bei der Mutter bleiben, um normal zu wachsen und zu leben. Wir stammen aus Gott. So ist auch unser Platz in, neben, mit Gott, so wie das Kind auch mit seiner Mutter und seinen Eltern verbunden sein soll. Der Mensch wurde von Gott erschaffen, um mit ihm zusammen zu sein. Wir sind Menschen und Gott ist zwar Geist und wir sehen ihn nicht, aber wir sind ebenso aus Geist. Als er uns mit Erde geformt hatte, wurden wir erst lebendige Seelen, nachdem er uns seinen Odem eingehaucht hat (siehe 1. Mose 2,7). Folglich ist es, während der Beziehung des Menschen mit Gott, der Geist des Menschen, der mit Gottes Geist in Berührung kommt, und nicht sein Körper. Der Geist des Menschen braucht sozusagen unbedingt Gottes Geist, um zu leben. Er muss mit Gott kommunizieren und mit ihm verbunden bleiben. So hat Gott es gedacht und so soll es auch sein. Sonst kann der Mensch nicht funktionieren. Gleich am Anfang der Schöpfung finden wir schon diese Wahrheit, nämlich, dass Gott mit den Menschen Gemeinsamkeit pflegte. Er sprach im Garten Eden mit Adam und Eva:

Und Gott segnete sie und sprach zu ihnen: Seid fruchtbar und mehret euch und füllet die Erde und machet sie euch untertan [...] **(1. Mose 1,28)**

Führt ein Individuum A Beziehung mit einer Person B, wird es von Person B unvermeidlich viele Charaktereigenschaften, Benehmen, ihre Natur zu sich nehmen und umgekehrt. Wenn zwei Personen zusammenkommen, tauschen sie vieles – physisch, seelisch und geistlich. Gott ist nur Geist und wenn wir uns mit ihm zusammentun, erhalten wir von seiner **Reinheit** und **Heiligkeit**. Er färbt auf uns ab. Unsere Geister werden wie seiner und sein Wesen fließt in uns hinein – in unsere Seelen und Körper. Auf diese Art werden wir allmählich wie er, was uns dabei hilft, ein ruhiges und schönes Leben zu führen, so wie er es in seiner Liebe gedacht hat. Er macht uns zu seinen

Botschaftern und wir können in die Welt gehen und anderen Menschen von ihm und seiner Liebe erzählen.

Ich erinnere mich gerade an Mose und was mit ihm passierte, nachdem er lange – 40 Tage und 40 Nächte – in der Präsenz Gottes geblieben war. Sein Gesicht strahlte danach Gottes Herrlichkeit aus:

> *Als nun Mose vom Berge Sinai herabstieg, hatte er die zwei Tafeln des Gesetzes in seiner Hand und wusste nicht, dass die Haut seines Angesichts glänzte, weil er mit Gott geredet hatte.* **(2. Mose 34,29)**

Dazu ist jeder von uns berufen.

In Galaterbrief Kapitel 5 lesen wir, wie wir uns von bösen Werken trennen und wieder nach Gottes Abbild gestaltet werden, wenn wir uns von seinem Geist – dem Heiligen Geist – leiten lassen:

> *Ich sage aber: Wandelt im Geist, so werdet ihr die Lust des Fleisches nicht vollbringen. […] Offenbar sind aber die Werke des Fleisches, welche sind: Ehebruch, Unzucht, Unreinheit, Zügellosigkeit; Götzendienst, Zauberei, Feindschaft, Streit, Eifersucht, Zorn, Selbstsucht, Zwietracht, Parteiungen; Neid, Mord, Trunkenheit, Gelage und dergleichen, wovon ich euch voraussage, wie ich schon zuvor gesagt habe, dass die, welche solche Dinge tun, das Reich Gottes nicht erben werden. Die Frucht des Geistes aber ist Liebe, Freude, Friede, Langmut, Freundlichkeit, Güte, Treue, Sanftmut, Selbstbeherrschung.* **(Galater 5,16-22)**

Es gibt viele Geister in der Luft. Jeder Geist hat aber seine Identität. Die Identität des Geistes Gottes ist, wie du schon weißt, Liebe, Güte, Weisheit, Vergebung, Heiligkeit usw. Die anderen Geister haben nur negative Identitäten – Hass, Bosheit, Groll, Unreinheit usw. Du ahnst bestimmt schon, wohin meine Gedanken zielen. Wenn der Geist, der dich lenkt, nicht Gottes Geist ist, dann ist es einer, der nichts mit Gott zu tun hat und somit im gegnerischen Feldlager ist.

Wir sollen mit Gott *Beziehung* pflegen, weil seit dem Tod und der Auferstehung Jesu Christi der Weg dafür wieder frei geworden ist. Davor war es für den Menschen nicht möglich, mit Gott zu sprechen. Der Grund dafür: Als Adam und Eva gesündigt haben, gab es wie eine Wand, die sich zwischen ihnen und Gott gebildet hatte. Diese Wand nennt die Bibel Vorhang. Es gab wie eine dichte Wolke von bösen Geistern oder Dämonen, Sünden, Unreinheiten, die um die Menschen herum stand, die ihnen das Antlitz Gottes verborgen hat. Daher sagt man, dass die Beziehung zwischen Gott und dem Menschen gebrochen war. Es mag sein, dass du dich fragst, ob die Menschen vor dem Kommen Jesu Christi überhaupt Gott nicht hörten und keine Beziehung mit ihm führten. Als das Gesetz dem Volk Israel durch Mose gegeben wurde, durften nur bestimmte, auserwählte Personen – der Hohepriester, die Priester, die Richter und dann die Propheten – direkt mit Gott kommunizieren. Es gab sogar einmal im Jahr ein Ritual der Entsühnung des Volkes, das nur der Hohepriester durchführen durfte:

In das zweite aber geht nur einmal im Jahr allein der Hohepriester, und das nicht ohne Blut, das er opfert für die unwissentlich begangenen Sünden, die eigenen und die des Volkes. **(Hebräer 9,7)**

Dieses Ritual hatte als Ziel die Israeliten von ihren Sünden zu befreien, damit sie Schätze, Geschenke von Gott bekommen können. Es sollte ihnen dabei helfen, ein besseres Gewissen vor Gott zu haben. Der Hohepriester musste sich dabei selbst und seine Familie entsühnen. Während der Entsühnung konnte und durfte der Hohepriester hinter den Vorhang gehen. Er konnte die Herrlichkeit Gottes sehen. Mit der Anführung vom Thema des Rituals wünsche ich, dass du verstehst, dass es früher kaum möglich war, Gott zu begegnen. Nur sehr reinen Menschen war dieses Privileg vorbehalten. Und diese dienten als Mittler zwischen Gott und den Menschen. Ich möchte dich ermutigen, das ganze Kapitel **Hebräer 9** und auch **3. Mose 16**, geleitet vom Heiligen Geist zu lesen. Du wirst viel über die Entsühnung von unseren Sünden vor und nach Jesus Christus verstehen. Eine ausführlichere Erklärung hier wird zu lang sein.

Kurz gefasst: Vor Jesu Christi Erlösungswerk stellte der Vorhang eine Trennung zwischen Gott und den Menschen dar, weil die Sünde herrschte und nicht überwunden war. Jesus Christus gelang es aber die Sünde zu kreuzigen, ihr ihre Macht zu nehmen. Als er das tat, brach der Vorhang und dies machte dann den Weg zu Gott wieder frei:

*Und siehe, der Vorhang im Tempel zerriss in zwei Stücke von oben an bis unten aus. [...] (**Matthäus 27,51**)*

Es gab von da an keinen Grund mehr, Gott nicht mehr begegnen zu können. Jesus Christus hat dir so erlaubt, an ihn zu glauben, deine Sünden zu bekennen, sie tief zu bereuen, ihn um Vergebung zu bitten und anzunehmen. Du empfängst danach den Heiligen Geist, der dein Leben auf den richtigen Weg lenkt. Dann kannst du durch ihn zuversichtlich zu Gott kommen, mit ihm eine Beziehung pflegen, ihm Fragen stellen, ihn um etwas bitten und er wird antworten. Weil du wieder mit ihm versöhnt wärest:

*Er tritt für uns ein, daher dürfen wir voller Zuversicht und ohne Angst vor Gottes Thron kommen. Gott wird uns seine Barmherzigkeit und Gnade zuwenden, wenn wir seine Hilfe brauchen. (**Hebräer 4,16**)*

Verstehst du nun, aus welchem Grund wir mit Gott in *Beziehung* kommen sollen? Es ist eine Gnade, dass Jesus Christus es uns ermöglicht hat. Die Beziehung, die durch Adam gebrochen war, hat Jesus Christus wiederhergestellt. Wenn wir diese Gnade vernachlässigen oder kleinschätzen, ist es in unserem Nachteil. Jesus Christus hat bereits seinen Teil – das Schwierigste – gemacht.

Gebet: Ich danke dir, guter Vater, dass du es mir – trotz meiner Sünden – ermöglicht hast, dank und durch Jesus Christus, mit dir versöhnt zu sein. Ich schätze es so sehr, dass ich mit dir kommunizieren kann. Danke vielmals dafür. Ich möchte auf jeden Fall mit dir verbunden sein, Gemeinschaft mit dir haben. Zeig mir bitte wie und hilf mir dabei. Gib mir wieder Kraft, die Intimität mit dir zu finden. Im Namen Jesu Christi. Amen.

Fragen zum Kapitel:

1. Woran erkennst du generell, dass eine Beziehung zwischen zwei Personen läuft?
2. Sag und schreib kurz, warum der Mensch mit Gott Beziehung pflegen sollte.
3. Was macht es jetzt im Vergleich zum Alten Testament möglich und leicht mit Gott Gemeinschaft zu haben? Nenne, wenn du kannst, ein paar Beispiele, wie wir mit Gott kommunizieren können.

Tag 7

Wie pflege ich Beziehung und kommuniziere ich mit Gott? –

Das Gebet

Ob eine Person Beziehung mit Gott pflegt, wird an vielen Faktoren deutlich. Die Kommunikation ist ein sehr wichtiger Bestandteil in der Beziehung. Ohne Kommunikation gibt es keine Beziehung. Außer der reinen Kommunikation, bei der wir mit Gott sprechen und ihn hören, treten auch die Beziehung mit den Nächsten, unsere Handlungen oder Werke, um Gottes Reich zu erweitern als eine Art Kommunikation auf. Hier wird aber das Augenmerk auf die reine Kommunikation mit unserem Schöpfer gerichtet, weil das Gelingen in den anderen Beziehungsebenen damit beginnt.

Mit Gott kannst du auf unterschiedliche Art kommunizieren. In den nachfolgenden Zeilen möchte ich zunächst auf das Gebet, ein sehr wichtiges Kommunikationsmittel, eingehen.

Dem **Gebet** soll in der *Beziehung* zu Gott hohe – sogar **sehr hohe Priorität** zugewiesen werden. Schon seit dem Anfang der Schöpfung existierte das Gebet. Im ersten Vers des Johannes-Evangeliums heißt es:

*Am Anfang war das Wort. [...] **(Johannes 1,1)***

Gott erschuf alles mit dem Wort. Er sprach und es geschah. Er spricht heute immer noch und was aus seinem Mund herauskommt, wird Realität. Er behauptet in seinem Wort, dass

nichts von dem, was er sagt, ohne Wirkung zu ihm zurückkehrt:

Genauso ist mein Wort: Es bleibt nicht ohne Wirkung,
sondern erreicht, was ich will, und führt das aus, was ich
ihm aufgetragen habe. **(Jesaja 55,11)**

Obwohl wir wissen, dass Gott allmächtig ist, alles tun kann,
niemanden zu fragen braucht, um etwas zu befehlen, kann
man auch sagen, dass sein erstes Wort wie ein Gebet war.
Denn es war sein Wunsch, dass die Welt kreiert wurde. Das
Ausdrücken des Wunsches ist *Gebet*. Das Gebet besteht
aus dem Wort. Wir Menschen sind das Ergebnis vom Wort,
seines Wortes. (Nur sind wir in der Sünde keine Früchte seines Wortes mehr.) Und alles, was wir denken, sagen und tun,
kommt auch vom und (durch das) Wort.

Gebet drückt sich also durch »sprechen«, »erschaffen«,
»denken«, »meditieren«, »wünschen«, »empfehlen«, »befehlen«, »handeln« usw. aus. Nur verwenden wir das Wort **Ge-**
bet in den oben genannten Bereichen und in Bezug auf die
Kommunikation zwischen Menschen nicht. **Gebet** ist in der
allgemeinen, gängigen und religiösen Auffassung eher ein
Mittel, um mit Gott zu kommunizieren. Genauso wie wir
mit Menschen nichts ohne Kommunikation schaffen können,
kann niemand ein Ziel mit Gott erreichen, ohne zu ihm zu
beten. *Beten* ist dafür da, dass wir zu Gott mit all unseren
Gedanken kommen. Wir sollen mit ihm sprechen, als würden
wir es in der Regel mit einem Menschen tun. Nun tauchen
vielleicht folgende Fragen in deinen Gedanken auf:

1. Es gibt Menschen, die mir doch schnell und effektiv helfen können, wenn ich irgendwas brauche. Warum soll ich
   mit Gott sprechen, den ich nicht mal sehe?

– Wenn du gläubig und neugeboren bist, kennst du zweifelsohne diese Wahrheit: Gott ist der erste, an den wir uns wenden sollen, wenn wir **Antworten auf Fragen** suchen. Kinder rennen zu ihren Eltern, wenn sie Hunger haben, Angst fühlen oder etwas brauchen. Kinder gehen auch normalerweise bei Problemen, Bedürfnissen, Fragen und Anliegen aller Art zuerst zu ihren Eltern, weil sie ihre Erzeuger sind und ihre ersten Bezugspersonen darstellen. Dieser Reflex sollte uns auch bei unseren Wünschen direkt und automatisch zu Gott führen. In geistlichen Dingen spielt Gott diese Rolle. Denn er hat uns kreiert und kennt uns und unsere Situationen besser als wir selbst und als andere Personen. Er weiß genau, was für uns wann bei jedem Problem günstig zu tun ist. Zu ihm dürfen und sollen wir immer mit jeder Frage und bei jeder Situation gehen. Es gibt keine Frage, die zu hoch oder zu klein für ihn ist. Er ist Gott und hat Antworten zu allen Lebensherausforderungen. Menschen können dir Lösungen anbieten, die zielführend zu sein scheinen, dich aber auf die schiefe Bahn bringen. Mit diesem letzten Satz meine ich überhaupt nicht, dass Menschen – z.B. Eltern, Geschwister, Freunde dich nie gut beraten können. Nein! Es geht vielmehr darum als Christ zuerst Gottes Rat zu suchen und ihn zu befragen, bevor man sich an andere Personen wendet. Es stimmt, dass du Gott nicht siehst. Wenn du aber mit ihm durch Gebete sprichst und ihn fragst, dir dabei zu helfen, ihn zu hören, wird er das tun. Übung macht den Meister. Alles lernst du mit der Zeit, wenn du geduldig bist und nicht aufhörst, Gott zu suchen. In einem Kapitel unten wirst du die Möglichkeit nutzen können, zu erfahren, wie du Gott leichter wahrnehmen kannst. Jesus Christus empfiehlt uns in ihm zu bleiben, und **alles, was wir** von ihm **brauchen, werden wir auch er-**

halten. Das heißt, dass alles in Gott ist. (Wenn du ein Ding benötigst, ist es Gott, der es dir gibt, auch wenn du es von Menschen bekommst – natürlich spreche ich hier für den Fall, dass du an Gott glaubst und dein Leben von ihm führen lässt. Aber letztendlich kommen auch alle guten Dinge von Gott. Auch Ungläubige haben Zugang zu manchen Gütern, weil Gott es zulässt. Es kann aber auch vorkommen, dass ein Mensch, obwohl er Gott nicht kennt, seine Wünsche verwirklicht sieht, allerdings im Nachhinein von der Erfüllung dieser Wünsche zerstört wird. Es wäre in diesem Fall nicht Gottes Geist am Werk gewesen, sondern das Handeln des Teufels. Er kann sich als ein Engel tarnen und Menschen Gottes Schätze geben, um sie von Gottes Wegen abzubringen.) Immerhin ist Gott Besitzer von allen Dingen. Er hat zwar keine Hände und Füße, weil er nur Geist ist. Sein Geist lenkt aber die Menschen zur Handlung. Lies nun diesen Vers und meditiere darüber:

Wenn ihr in mir bleibt und meine Worte in euch bleiben, werdet ihr bitten, was ihr wollt, und es wird euch widerfahren. **(Johannes 15,7)**

Jesus Christus deutet in diesem Vers darauf hin, wie wichtig es ist, mit Gott in ständiger Beziehung zu sein – für sein Wesen und nicht seine Habe. Er weiß, dass das Erhören unserer Gebete durch unsere bedingungslose Liebe zu ihm bedingt ist. Er weiß, dass wir vieles von ihm brauchen, was wir nur haben werden, wenn wir unsere Intimität mit ihm durch Gebete, Bibellesen usw. pflegen. Gott benötigt unsere Gebete nicht. Er empfiehlt uns nicht mit ihm verbunden zu sein, weil es ihm nützt. Es ist ausschließlich in unserem Interesse, dass er es uns lehrt. Es ist für uns der einzige Weg, um richtig zu leben. Wir erfahren oft keine Antworten auf unsere Gebete aufgrund des Mangels an Aufrichtigkeit in unseren Gebeten bzw. unserer Beziehung zu Gott. Wir beten gelegentlich, wenn wir etwas brauchen, und vernachlässigen dann Gott, wenn wir erhört worden sind. Das ist keine Beziehung, sondern Ausnutzung. Bleiben wir ganz im Gegenteil natürlich in Gott, werden wir unsere Bedürfnisse automatisch erfüllt sehen, sogar auch ohne spezifisch dafür gebetet zu haben. Welcher Vater wünscht die Niederlage für seine Kinder und würde sie zugrunde gehen lassen?

»*Was ihr wollt*« heißt nicht, dass Gott all deine Wünsche verwirklichen wird. Wenn sie seinem Willen nicht entsprechen, wird es wohl nicht klappen. Bist du auch nicht auf Gottes Weg und denkst das von ihm zu bekommen, was du ihn fragst, wirst du umsonst warten. Nehmen wir an, dass du in einer wilden Beziehung und noch mit einem Nicht-Gläubigen lebst und dennoch an Jesus Christus glaubst. Sein Wort sagt aber klar, dass wir uns nicht unter das Joch des Bösen/Fremden setzen sollen:

Zieht nicht unter fremdem Joch mit den Ungläubigen. Denn was hat Gerechtigkeit zu schaffen mit Gesetzlosigkeit? Was hat das Licht für Gemeinschaft mit der Finsternis? […] **(2. Korinther 6,14-18)**

Wenn du zu ihm betest und in einer solchen Beziehung z.B. nach einem Kind fragst, solltest du wissen, dass es nicht Gottes Wille ist, es dir unter diesen Umständen zu geben. Der erste Satzteil im vorletzten Vers »*Wenn ihr in mir bleibt und meine Worte in euch bleiben*« wäre in deinem Fall nicht wirklich eingesetzt. Du hättest sein Wort mit Füßen getreten und fragst ihn trotzdem nach seiner Gunst. Zu diesem Punkt folgen später noch ein paar zusätzliche Erklärungen.

2. Ich darf also Gott um alles fragen, wenn es seinem Willen entspricht. Gibt es da gar keine andere Einschränkung? In welchen spezifischen Fällen und Situationen eignet es sich mehr mit Gott zu sprechen? Welche sind die Themen, die wir vor Gott bringen können/sollen?

— Hier ist es wichtig zu unterstreichen, dass **Gebet** zu Gott nicht (in erster Linie) an eigene Interessen gebunden sein soll. Das erste Ziel des Gebets soll die reine Liebe zu Gott sein, der Wunsch mit ihm zu sein, ihn kennenzulernen und zu hören. Dabei kannst du ihn loben, ihm sagen, wie sehr du ihn liebst. Dein Gebet soll nicht krampfhaft laufen. Sei dabei locker. Sprich wie bei einer Konversation mit einem Vertrauten. Fang dein Gebet am besten an, indem du Gott lobst. Im **Lobgesang** ist Gott präsent. Gott mag es, weil es ihm zeigt, dass du ihn, egal, was zurzeit in deinem Leben passiert, liebst. Wollen schwierige Situationen dich dazu bringen, ihn zu ignorieren, hältst du trotzdem fest an ihm, murrst nicht gegen ihn. Diese Haltung ist vor Gott so wertvoll. Es zeigt deine spirituelle Reife. Wenn du auf deinem Glaubensweg dieses blinde Vertrauen Gott gegenüber erreicht hast, kann dich kein Gegenwind mehr erschüttern. Kennst du die Geschichte von Paulus und Silas im Gefängnis? Dorthin wurden sie ungerecht geworfen. Weißt du, sie hätten, wie viele Christen, Gott ignorieren können, dem sie dienen und der so ein Ereignis erlaubt hat. Aber nein! Sie haben gebetet und sogar gesungen! Dadurch bewiesen sie, wie sehr sie voller Zuversicht auf Gott schauten. Sie wussten, dass er sie nie im Stich lassen würde. Ein solches Vertrauen wächst mit der Beziehung zu Gott. Was hatten sie am Ende als Belohnung? Lies dazu die folgenden Bibelverse:

Gegen Mitternacht beteten Paulus und Silas. Sie lobten Gott mit Liedern, und die übrigen Gefangenen hörten ihnen zu. Plötzlich bebte die Erde so heftig, dass das ganze Gefängnis bis in die Grundmauern erschüttert wurde; alle Türen sprangen auf, und die Ketten der Gefangenen fielen ab. **(Apostelgeschichte 16,25-26)**

Am Ende dieser Unannehmlichkeiten vollendeten sie ihre Mission. Der Mann in Mazedonien, der Hilfe brauchte, sprich der Gefängnisaufseher wurde gerettet. Er und seine Familie gaben Jesus Christus ihr Leben. Stell dir vor: Gott offenbart Paulus in einer Vision, nach Mazedonien zu gehen, weil dort ein Mann um Hilfe ruft. Er geht hin und wird mit Silas eingesperrt. Wie würdest du das interpretieren und verkraften, wenn du in eine Stadt kommst, um für jemanden eine rettende Hand zu sein, und dann selbst in Not gerätst? Denk darüber nach und beantworte ehrlich diese Frage. Immerhin, Paulus und Silas, die ihren Glauben durch keine Situation sinken lassen, finden sogar die Kraft, zu beten und zu singen und dermaßen die Macht Gottes entfacht zu sehen. Übrigens, diese Geschichte ist lesenswert!

Es ist durch das Gebet, den Lobpreis, das Zungenreden (auch eine Art Gebet), das Bibellesen, den Gehorsam zu Gott, dass du wie Paulus für diesen Aufseher, vom Heiligen Geist Weisungen für dein Leben und das von anderen bekommen wirst. Sie helfen dir, Lösungen für Probleme zu finden, Klarheiten in Situationen zu bringen und zu wissen, was am besten zu tun ist. Dadurch kannst du Prophetisches, Weisheits- und Erkenntnisworte für Menschen empfangen, die ihnen Heilung, Durchbruch und Befreiung bringen werden. Gebet ist mächtig. Ohne es erfahren zu haben, kann man es nicht wissen. Daher lade ich dich ganz herzlich dazu ein, diesen Schritt zu wagen, mit deinem Schöpfer ins Gespräch zu kommen, um diese Wahrheiten in Erfahrung zu bringen. Es wird dir unheimlich guttun.

Im Gebet wird dir auch Gottes Natur kommuniziert und übertragen. Gott ist Liebe, Weisheit, Demut, Vergebung, Intelligenz, Erkenntnis, Freude, Frieden, Sanftmut, Freundlichkeit, Mut, Kraft, Geduld, Ausdauer, Ehrlichkeit, Treue, Integrität, Güte, Selbstbeherrschung, kurzum die ganzen Früchte des Geistes. Während du ein tägliches Gebetsleben mit ihm entwickelst und ihm gehorchst, werden diese Charaktereigenschaften Gottes auf dich abfärben. Ein heiliges Wesen wird in dir Gestalt annehmen. **Du wirst wie Gott sein**, weil Gott nämlich durch dich **wirken könnte**. Darum hat er dich ins Leben gerufen. Als Folge können sich die Geistesgaben – Heilung, Befreiung, Wunder, prophetisches Reden, Großzügigkeit usw. – durch dich für sein Volk und die Welt manifestieren. Gott selbst hat gesagt, dass er uns nur ein wenig kleiner als sich selbst erschaffen hat. Wir sind sein Abbild und das soll durch uns, die an ihn glauben, für die Welt zur Schau kommen:

[…] was ist der Mensch, dass du seiner gedenkst, und des Menschen Kind, dass du dich seiner annimmst? Du hast ihn wenig niedriger gemacht als Gott, mit Ehre und Herrlichkeit hast du ihn gekrönt. **(Psalm 8,5-6)**

Gott ist rein und heilig und mag es natürlich, dort wo **Reinheit** und **Heiligkeit** herrschen, dort wo ihm ständig Dank und Lob gebracht werden, wie im Himmel. Dort werfen alle ihre Kronen vor ihn und loben ihn ständig (siehe Offenbarung 4,10-11). Und wenn du ihn bedingungslos liebst, heißt es, dass diese Eigenschaften in dir sind.

Aber du bist heilig, der du thronst über den Lobgesängen Israels. **(Psalm 22,4)**

Indem du mit Lobgesang ins Gebet überleitest, lädst du Gott/den Heiligen Geist ein, dich zu lenken, die Kontrolle zu übernehmen. Auf diese Art bist du sicher, dass Gott dich durch dieses Gebet begleitet. Ist Gott in deinem Gebet anwesend, dann wirst du sicher etwas von ihm erhalten. Habe diese Erwartung. Du wirst nicht aus dem Gebet gehen, ohne an Gottes Wesensart gewonnen zu haben. Es mag sein, dass du anfangs deiner Beziehung mit ihm nichts von diesem Transfer von Gottes Wesen auf dich spüren wirst. Sei deswegen bitte nicht betrübt, abgelenkt oder entmutigt. Das ist normal. Genauso wie es sich in der Beziehung zwischen einem Mann und einer Frau verhält, kommt die Vertrautheit mit Gott auch erst mit der Zeit und mit der Pflege der Beziehung.

Der Heilige Geist wird dir dabei helfen, wenn du neugeboren bist, deine Gebetsanliegen zu kennen. Die Bibel sagt in diesem Zusammenhang, dass wir selber nicht wissen, wofür wir beten sollen. Manchmal sind wir uns dessen nicht bewusst, was wir gerade in unserem Leben brauchen, und fragen Gott im Gebet Sinnloses oder Dinge, die er uns in diesem Augenblick nicht geben will, weil sie uns nichts Gutes tun werden. Sie würden uns vom guten Weg abbringen. Sie würden unser schlechtes Benehmen nicht ändern, sondern bekräftigen. Stell dir vor, dir fällt es schwer, dich deinem Übergeordneten unterzuordnen. Du willst aber auf Arbeit eine Stufe höher in die Hierarchie kommen. Du bittest Gott inständig darum. Wenn Gott das zulässt, wird am Ende ein Chaos auf Arbeit herrschen. Du wirst entweder von deinen Untergebenen alles zulassen oder dich zu einem Tyrannen entwickeln. Gott wird nicht positiv auf solch ein Gebet antworten. Dafür kommt der **Geist Gottes** und **leitet uns im Gebet**, damit wir nicht umsonst oder falsch beten. Mit ihm wirst du dir Zeit sparen und nicht mehr für Unnötiges, sondern für andere für deine Situation passende Anliegen beten:

Desgleichen hilft auch der Geist unsrer Schwachheit auf. Denn wir wissen nicht, was wir beten sollen, wie sich's gebührt, sondern der Geist selbst tritt für uns ein mit unaussprechlichem Seufzen. **(Römer 8,26)**

Im oben genannten Fall könntest du Gott z.B. darum bitten, dir ein Herz dafür zu geben, dich deinem Chef und Vorgesetzen zu fügen, solange es dem Willen Gottes entspricht. Wenn du dann das nötige Profil erworben hast, um an eine höhere Position zu kommen – z.B. um zu leiten, kann Gott dein Gebet erfüllen.

Es ist auch Teil des Gebets, Gott für alles zu danken, was er für dich getan hat, noch tut und auch tun wird. Auch wenn er dir nichts gegeben hat. Versetze dich einfach in ihn hinein. Wenn eine Person dich für das, was du bist, liebt und nicht für das, was du ihr anzubieten hast, gefällt es dir bestimmt, oder? Genau das will Gott auch. Er wünscht sich, dass sich dein Herz ihm immer mit Dankbarkeit zuwendet. Dein Gebet kann somit auch mit Danksagung beginnen. Lobpreis ist auch Danksagung. Daneben kannst du dann, natürlich inspiriert vom Heiligen Geist, all deine Themen,

Anliegen, Probleme, Sorgen, Fragen, Bitten, Wünsche usw. zu Gott bringen. Da gibt es keine Einschränkung:

Alle eure Sorge werft auf ihn; denn er sorgt für euch.
(1. Petrus 5,7)

Gott will in all deinen Situationen einbezogen werden. **Er will all deine Gebete zum richtigen Zeitpunkt erhören, solange sie seinem Willen für dein Leben entsprechen.** D.h., dass du Gott z.B. nicht darum bitten kannst, deinen Nächsten zu töten oder aus Geldgier und mit dubiosen Mitteln zu Reichtum zu kommen, und erwarten, dass er antwortet. Er hat seine Satzungen, die du lesen und kennenlernen sollst, damit du dich beim Gebet angemessen orientieren kannst. Im Jakobusbrief liest du Folgendes:

Ihr seid begierig und erlangt's nicht; ihr mordet und neidet und gewinnt nichts; ihr streitet und kämpft; ihr habt nichts, weil ihr nicht bittet; **(Jakobus 4,2)**

Gott erhört Gebete, die aus reinem Herzen stammen und die nicht darauf zielen, andere herabzusetzen, unbedingt wie sie tun oder sein zu wollen oder sie zu zerstören. Prüfe also sehr gut deine Gebete, bevor du sie zu Gott bringst.

Es gibt aber bestimmte Wünsche, die du in deinem Alltag hegst, bei denen es keinen Zweifel gibt, dass sie auch den Herzenswunsch Gottes für dich darstellen. Hast du Schlafstörungen und kommst in der Nacht nicht zur Ruhe? Ist es für dich schwierig, deine Kinder zu erziehen? Fehlt die Harmonie in deiner Beziehung? Fällt es dir schwer mit Gott zu kommunizieren? Kämpfst du mit Mangel an Liebe, mit Krankheiten, Süchten, schlechten Gedanken usw.? Kannst du deine Miete nicht bezahlen? Hast du generell Finanzprobleme? Willst du, dass deine Familie, Freunde und Bekanntschaften, sowie auch andere Menschen, die du nicht kennst, zu Jesus Christus finden? Was du auch haben und brauchen magst, sprich mit Gott darüber und bitte ihn um Hilfe. Gott kann alle schwierigen Situationen zum Guten wenden. Er ist die Quelle aller guten Dinge. Er hat die Lösung für all deine Probleme. Die Antworten zu deinen Fragen findest du in seiner Gegenwart. Die Heilung und die Gesundheit sind in ihm. Auch wenn du Sorgen hast, trotzdem aber **in Gottes Präsenz** eintauchst, **werden** die **Sorgen ganz klein**, unbedeutend werden oder sogar wie »nicht vorhanden«. Denn Gott ist größer als alles. Er überragt all die Probleme und Hindernisse, mit denen du konfrontiert bist. Das Wichtigste zu wissen ist, dass es gar nicht gut ist, zu Gott bloß wegen dieser und für diese aufgezählten Themen zu beten. Gott sollen wir suchen und Beziehung mit ihm führen, weil wir ihn lieben. Alles andere kommt dann automatisch. Wenn du zu Gott betest, weil du von ihm eine Gunst erhalten willst, wirst du ihn vernachlässigen, wenn er sie dir gewährt. Aus diesem Grund will Gott zuerst dein Herz.

3. Wann, wie und wo soll gebetet werden?

— **Fang deinen Tag** mit **Sprechen mit** deinem **Gott** an. Nimm dir, bevor du aufstehst und irgendetwas anderes machst, Zeit mit Gott. Vertraue ihm deinen Tag an. Sprich über dich aus, dass Gott deinen Tag gelingen lässt, dass du alles schaffen wirst, was du dir vorgenommen hast. Sprich eine Zeit lang mit ihm und gib ihm dann die Gelegenheit zu dir zu sprechen, indem du ein paar Minuten in der Stille bleibst. Gebet kann beim Stehen, Sitzen, Knien geschehen. Nimm die Stellung, die dir am besten

passt, bei der du dich entspannter fühlst. **Lass dich auch immer durch den Heiligen Geist leiten.** Es gibt eigentlich keine Regel, wann, wie oft und wo gebetet werden soll. **So oft du es kannst und schaffst, bete – zwei, drei, vier,** fünf Male am Tag. **Das stört Gott nicht. Hauptsache ist, du tust es aus Liebe:**
betet ohne Unterlass, (1. Thessalonicher 5,17)

Es können kurze oder lange Gebete sein. Je nachdem wie viel Zeit du hast, kannst du fünf Minuten bis zwei, drei, vier, fünf oder mehr Stunden am Stück beten. Wenn es lang dauern soll, kannst du dir selbstverständlich dazwischen kurze Pausen gönnen. Am Anfang deiner Beziehung mit Gott wird es dir schwer fallen, dich beim Gebet zu konzentrieren und viel Zeit dabei zu verbringen. Wenn du aber nicht nachlässt und die Regelmäßigkeit respektierst, wirst du Fortschritte machen und allmählich mehr Zeit mit Gott verbringen, ohne es zu merken.

Egal, wo du dich befindest, bete, wenn du das Bedürfnis spürst – im Bett, unter der Dusche, in der Bahn, im Flugzeug, beim Laufen, auf Arbeit in deinen Gedanken, wenn du gerade freien Kopf dafür hast usw. Warte nicht, in Probleme zu geraten, bevor du betest. Deine Gebete, die du gewöhnlich sagst, werden dich, ohne dass du es selbst merkst, viel später vor ausweglosen Situationen, vor der Sünde, vor dem Scheitern usw. bewahren. Vergiss nicht: Wir sind Ergebnisse des Wortes. Die guten Worte, die du also vorwegnimmst und schon vor Tagen, Wochen, Monaten und sogar Jahren über dich ausgesprochen hast, können dich heute retten. Und die, die du heute über dir proklamierst, werden dir vielleicht in einer nahen oder späten Zukunft behilflich sein. Die Lehre daraus: Es ist deswegen sehr wichtig, ständig im Gebet oder in der Beziehung zu Gott zu sein.

Jetzt gerade ist es in meinen Sinn gekommen, dass ich schon in Zeugnissen gehört habe, wie Menschen, die sehr weit entfernt vom rechten Weg waren, zu Jesus Christus gefunden haben, weil ihre Eltern oder Freunde oder Bekanntschaften nicht nachgelassen haben, für ihr Heil zu beten. Sogar in meiner Gemeinde hat ein Glaubensbruder, der kein von Gott geleitetes Leben führte und nicht an Jesus Christus glaubte, Zeugnis abgelegt, dass seine Mutter immer für ihn gebetet hat. Er glaubt nun an Jesus Christus und ist in der Gemeinde aktiv. Er hat einmal für mich in einem Healing-Room über Zoom gebetet. Gebete haben Kraft und müssen uns jeden Tag begleiten – nicht nur für uns, sondern für unsere Mitmenschen. Wir sind ja alle Menschen und das gleiche Schicksal vereint uns. Gott ist für uns. Der Teufel aber arbeitet gegen uns. So sollen wir uns selbst und andere auch gegen den Teufel verteidigen. Die Menschen, die Gott ablehnen, kennen die Wahrheit nicht, deswegen wollen sie nicht an ihn glauben so wie viele Gläubige früher auch ungläubig waren. Gläubige sollen deswegen für Ungläubige beten, dass Gott ihnen die spirituellen Augen öffnet, damit ihnen die Wahrheit offenbart wird.

Wenn du deinen Tag mit der Kommunikation mit Gott anfängst, bist du dafür spirituell gut ausgerüstet, und es ist sicher, dass dein Tag gelingen wird. Ist es deiner Meinung nach am Ende des Tages nicht der Fall und du findest, dass alles schief gelaufen ist, wirst du trotzdem mit deinem Tag zufrieden sein, denn du hast ihn in Gottes Hände gelegt. Versuche jeden Tag zu beten. Die Tatsache, dass du viel zu tun hast, soll kein Grund oder Ausrede sein, Gott im Stich zu lassen. Wenn er dich nicht am Leben gelassen hätte, würdest du nicht in der Lage sein, deinen Beschäftigungen einzugehen. Daher ist es sehr wichtig, dir wenigstens ein paar Minuten Zeit zu nehmen, ihm für dein Leben zu danken und ihm deinen Tag anzuvertrauen.

Ich nehme an, dass es für dich wichtig ist, früh zu essen, deine Zähne zu putzen, zu duschen, bevor du arbeiten gehst. Ist Gott für dich wichtig, wirst du auch Platz für ihn am Anfang deines Tages finden. Du bräuchtest nur ein paar Minuten eher aus dem Bett zu springen. Für das, was einem von Bedeutung ist, finden sich der Willen und die Kraft, sich zu opfern. Und das Gute ist, dass du Gott auch nach dieser Kraft fragen kannst! Siehst du, wie verwöhnt wir von Jesus Christus sind, ohne den diese ganzen wertvollen Wahrheiten uns verwehrt bleiben würden? Er ist übrigens der Einzige, der uns das *Wollen* schenken und das *Tun* ermöglichen kann:

Und doch ist es Gott allein, der beides in euch bewirkt: Er schenkt euch den Willen und die Kraft, ihn auch so auszuführen, wie es ihm gefällt. **(Philipper 2,13)**

Die folgende Veranschaulichung ist von der Rede eines Dieners Gottes inspiriert: Stell dir vor, du wirst von einer Person herausgefordert, sie jeden Tag sehr früh, bevor du zur Arbeit gehst und auch später, nach der Arbeit für Gespräche im Rahmen einer Studie (Umfrage) zu treffen. Du würdest dadurch nach ungefähr einem Monat eine große Belohnung bekommen. Ich wette, dass du alles in deiner Macht tun würdest, um es zu schaffen, früh aufzustehen und zur Verabredung zu erscheinen. Stimmt, oder? Weißt du aber, was dir die Beziehung mit Gott bringt? Unvergängliches Leben, Heiligkeit, Weisheit, Freude, Liebe, De-

mut, gerecht erworbenen und gesegneten Reichtum usw.
Das übertrifft den ganzen Reichtum der Welt:

Weisheit erwerben – wie viel besser ist es als Gold!
Und Verständnis erwerben ist vorzüglicher als Silber!
(Sprüche 16,16)

Das Gebet schützt dich vor den Listen des Feindes. Der
Teufel nutzt auch eine Art Gebet gegen dich – es geht um
Flüche, weil er nur Böses im Sinne für die Menschen hat.
Um diesen entgegenzuwirken, hat dir Gott die Waffe des
Gebets gegeben, damit du die Pfeile des Feindes zunichte-
machst. Jesus Christus lehrt uns zu wachen und zu beten,
damit wir nicht in Versuchung fallen:

Wachet und betet, dass ihr nicht in Anfechtung fallt!
Der Geist ist willig; aber das Fleisch ist schwach.
(Matthäus 26,41)

**Das Gebet wird die Wirkung des Fleisches dämpfen
bzw. löschen, damit der Geist die Oberhand gewinnt.
Dank** dem **Gebet** gibt es **viele Sünden, in die du nicht
fallen wirst.** Wenn Jesus selbst mit der Versuchung konfrontiert war, auf seine Berufung zu verzichten, wie viel
mehr werden wir das auch erfahren! Im Garten Gethse-
mane hat er gekämpft. Dass er Angst vor diesem grau-
samen Schicksal hatte, ist selbstverständlich. Dass er aber
diese Angst überwunden hat, gehört zum Göttlichen. Kein
Mensch kann davor bestehen. Jeder andere hätte sicher in
den letzten Minuten oder Stunden vor dieser Gefangen-
nahme Gott verleugnet. Denn der Mensch handelt oft
fleischlich. Obwohl Jesus diesen Tod nicht verdiente, fand
er die Kraft, alles im Gebet bis zum Ende zu ertragen. Und

dazu ruft er uns auf. Unsere **Siege** in allen Bereichen des Lebens **beschließen wir in Gebeten**. Damit du dich z.B. anderen Menschen gegenüber liebevoll benimmst und sie nicht anfeindest, weil sie dich vielleicht ungerecht behandelt haben, müsstest du lange Zeit davor im Gebet verbracht haben, um dich mit Gottes Liebe zu sättigen. Diese Liebe würde dann vor jeder Situation automatisch aus dir fließen. Das Gebet wird dich auch davor behüten, zu lügen, zu stehlen, ehezubrechen, Sünden irgendeiner Natur zu begehen. Die Fülle der guten Worte voller Geist, die du gegen diese Sünden ausgesprochen hättest, wird dich vor dem Schlimmen bewahren. Menschen Gottes, die integer, ehrlich, redlich, gerecht sind und auf den Pfaden der Heiligkeit wandeln, haben es sich im Gebet, in der Kommunikation und Beziehung mit dem Vater angeeignet.

Im Gebet erleben wir Gottes Präsenz. Das ist das Mittel, wodurch Gott in uns kommt und wohnt, das uns Gott ähnlicher macht, damit er auf Erden durch uns für seine Herrlichkeit wirkt.

Gebet: Himmlischer Vater, ich danke dir für diese Möglichkeit – diesen Kanal des Gebets, den du uns schenkst, mit dir zu kommunizieren. Lehre mich in deine Präsenz zu kommen, sie zu genießen und offenbare mir dadurch alle Schätze, die in dir verborgen sind. Im Namen Jesu Christi. Amen.

Fragen zum Kapitel:

1. Was ist Gebet in wenigen Worten zusammengefasst?
2. Warum und wofür sollen wir beten?
3. Welche Zeiten und Orte eignen sich für Gebete?

TAG 8

Wie pflege ich Beziehung und kommuniziere ich mit Gott? –

Das Bibellesen

Das größte Nachschlagewerk für die Kenntnis über und von Gott ist natürlich die **Bibel**. Wer sagt, dass er Gott kennt, an ihn glaubt, ohne daran zu glauben, dass die Bibel sein durch den Heiligen Geist offenbartes Wort ist, hat noch nicht die richtige Kenntnis Gottes. Wir können zu Jesus Christus auf verschiedene Arten kommen – durch Predigten, Zeichen, Wunder, Genesung usw. Es ist aber ein Erlebnis, das wir erfahren können, wenn wir selber Gott in seinem Wort suchen. Das Wort Gottes ist ein von Gott geschriebener **Liebesbrief** an uns, in dem wir Zugang zu allen Dingen haben, die wir für unser Heil, unser gesundes irdisches spirituelles Leben brauchen. Wie willst du denn von der Liebe deines Verliebten erfahren, wenn du seinen Brief nicht öffnest und liest? Ohne das Wort Gottes zu lesen, können wir den Schöpfer nicht richtig und tief kennenlernen. Seine Gedanken für uns würden uns verborgen bleiben. Wir hätten vielleicht seine Geschenke bekommen und genossen. Die Freude, in seiner Gegenwart zu bleiben, von seinem Wesen erfüllt zu werden, würde aber fern von uns bleiben. Denn diese **Freude** kommt ausschließlich davon, dass wir **mit ihm verbunden** sind, nicht durch Wunder. Und diese Verbundenheit kommt durch den Kontakt zu seinem Wort. Er ist in seinem Wort, ohne das wir fast nichts von ihm wissen würden. Du brauchst Fachbücher und Nachschlagewerke in jeder Branche der Wissenschaft, um dich entsprechend zu bilden. Genauso brauchst du sie auch, um Gottes Wissenschaft zu studieren und um Gott kennenzulernen.

Die Menschen sind bereit sich Bücher in verschiedenen Wissensgebieten zu kaufen – sogar welche, die ihre Seelen verderben. Wenn es sich aber um Gottes Werk handelt, meinen sie, dass die Bibel von Menschen geschrieben wurde, und sagen, dass sie nicht verstehen, warum sich andere an ein solches Werk hängen. Als ob die anderen Bücher, die sie lieber lesen, nicht von Menschen geschrieben wurden. Das **Besondere an** der **Bibel** ist, dass sie **vom Heiligen Geist inspiriert** wurde. **Alles, was darin steht, ist rein und heilig.** Sie lädt uns dazu ein, auch ebenso zu leben. Deswegen kann es nicht etwas anderes sein als *das Buch Gottes*. Jedes von Menschen geschriebene Buch wurde von einem Geist oder mehreren Geistern eingegeben – die Bibel von Gottes Geist. Etliche Menschen, die sie gelesen haben, erkennen die Einzigkeit und Einmaligkeit dieses Buches an. Wenn du dich gerade fragst, was du über die Bücher der anderen Religionen denken sollst, stellst du eine gute Frage. Lies dazu die folgenden Zeilen:

Von Schmuckstücken weißt du, dass es echte und nachgeahmte gibt. Echte erkennst du, wenn du dich damit auskennst. Wenn nicht, kannst du recherchieren und sie prüfen lassen. Es gibt sowieso von jedem Ding echte, wenn es falsche Versionen davon gibt, weil die falschen auf Basis der echten hergestellt werden. Alle anderen Religionen, und das Judentum nach Jesu Christi Kommen, die Jesus Christus nicht als Retter anerkennen, führen nicht zu Gott. Nur das Christentum. Wie weißt du es? Alleine die Tatsache, dass Jesus Christus für uns gestorben und auferstanden ist, zeigt sehr gut, dass er Gott ist. Die Vorreiter der anderen Religionen (außer des Judentums) haben sich für die Menschheit nicht geopfert. Sie sind alle gestorben, sind aber des menschlichen Todes gestorben. Sie sind im Grab geblieben. Nur Jesus Christus hat das Grab überwunden und ist daraus herausgekommen. Das heißt, dass nur er auferstanden ist, um uns auch den Weg zu bahnen, zurück zu Gott dem Vater zu kehren. Ohne Auferstehung kann niemand Gott sehen. Somit unterscheiden sich die jüdischen heiligen Schriften und das Neue Testament von anderen Schriften, die nicht zurück zu Gott führen.

Mit und in der Bibel erwerben wir Wissen *über* Gott, wie er denkt, spricht, handelt. Wir lesen in ihr viele der Geschichten seines Volkes und wie Gott es begleitet, zurechtweist, bestraft, ermahnt, erbaut, ermutigt, ihm hilft, es rettet, auf den richtigen Weg bringt. Das alles dürfen wir selbst durch sein Wort erleben:

> *Denn alle Schrift, von Gott eingegeben, ist nütze zur Lehre, zur Zurechtweisung, zur Besserung, zur Erziehung in der Gerechtigkeit, dass der Mensch Gottes vollkommen sei, zu allem guten Werk geschickt.* **(2. Timotheus 3,16-17)**

In der **Bibel** erfährst du, **was Gott gefällt und was ihm missfällt**, um entsprechend dein Verhalten zu verbessern. Wenn du sie nicht liest, kannst du beispielsweise nicht die Offenbarung haben, dass du dein Leben vermasselst, weil du nicht an Gott glaubst. Du würdest nicht erkennen, dass *über eine Person lästern* reicht, um zu den Sündern zu zählen. Du würdest nicht zur Wahrheit kommen, dass der Mensch nur durch Jesus Christus in den Himmel kommt. **Das Wort Gottes ist ein Spiegel**, wodurch wir uns selbst besser kennenlernen, unsere Macken, Sünden, auch unsere guten Seiten entdecken. Es **befreit uns von Sünde, von Lü-**

gen. Zwei Sätze Jesu Christi, die diese Wahrheit klar bestätigen, sind:

Heilige sie in der Wahrheit; dein Wort ist die Wahrheit. **(Johannes 17,17)**

und werdet die Wahrheit erkennen, und die Wahrheit wird euch frei machen. **(Johannes 8,32)**

Die Wahrheit erleuchtet und befreit. Wenn du bis jetzt der Lüge geglaubt hast und dir wird plötzlich die Wahrheit offenbart, fühlst du dich gut. Du bist erleichtert. Klarheit herrscht künftig in deinen Gedanken über das Thema, das nun abgeklärt wurde. Diesbezüglich wirst du nicht mehr betrogen. Genau das passiert mit der Bibel. Wenn du sie liest, geleitet vom Heiligen Geist, wirst du vieles über dein Leben und das Leben generell, über existenzielle Fragen lernen, was du sonst nie wissen würdest. Viele Lügen, die in dir infolge von falschen weltlichen Lehren, Doktrinen und auch verschiedenen Erlebnissen in deinem Alltag herrschen, werden entlarvt. Du hast womöglich eine Sünde begangen, die dich belastet, weil der Widersacher dich ständig in deinen Gedanken verurteilt. Du denkst, dass es Gott ist, der dich so quält, und schämst dich sogar in seine Präsenz zu kommen. Vielleicht hast du dir selbst auch nicht vergeben. In der Bibel liest du aber, dass Gott deine Sünden so weit weg von dir entfernt hat, dass er sich nicht einmal mehr daran erinnert.

In der Bibel gibt es unzählige ähnlicher Wahrheiten, deren Offenbarungen uns Menschen befreien. Wenn wir das aber ignorieren, bleiben uns diese Schätze verborgen und wir leben in der Knechtschaft.

Die **Wahrheit Gottes heiligt uns**. Wir können entsprechend dem, was wir darin lesen und wohin der Heilige Geist uns bringen will, an uns arbeiten, um Gott immer ähnlicher zu werden. Wir wachsen dann in ihm von Herrlichkeit zu Herrlichkeit.

Das **Wort Gottes wird dich wieder beleben**. Es hilft dir wieder auf und gibt dir erneut Kräfte, wenn du am Boden bist. Manchmal erhältst du die Beziehung zu Gott lange Zeit aufrecht, indem du in seinem Wort liest, betest usw. Plötzlich aber fühlst du dich spirituell ausgelaugt und hast keinen Eifer mehr Gott zu suchen. Das kann etwa die Folge von Problemen sein, die in deinem Alltag andauern. Wenn du nicht genug Bescheid über das spirituelle Leben weißt, kann es passieren, dass du deine Beziehung mit Gott aufgibst oder diesen Sturz als alarmierend betrachtest. Es ist aber nicht schlimm, weil du jederzeit wieder zu Gott kommen kannst. Du solltest nur nicht den Fehler begehen, schwach im Glauben zu bleiben. Die Lösung ist, den Kontakt mit dem Wort Gottes wieder zu suchen. Auch wenn du keine Kraft oder Lust darauf hast, bleib dran. Du wirst sehen. Das Wort wird dich durch neue Offenbarungen aufmuntern und deine Beziehung mit Gott wieder in Gang setzen. Es passiert auch manchmal, dass der Heilige Geist dich *überraschend* dazu aufmuntert, wieder eifrig für Gott zu sein. Du wirst vielleicht auch andere Dimensionen in der Beziehung mit ihm erreichen. Wenn du es nicht schaffst, das Wort direkt zu lesen, hör dir gute Predigten an. Am besten ist es aber davor Gott darum zu fragen, dir wieder die Begeisterung für ihn und sein Wort zu geben.

Die folgende Wahrheit ist von großer Relevanz: **Die Bibel sollst du mit dem Beistand des Heiligen Geistes lesen und darüber meditieren.** Im anderen Fall wirst du sie falsch interpretieren und nach deiner eigenen Wahrnehmung verstehen. Dies kann dich sogar zum Tod führen. Es steht in der Bibel z.B., dass wir unser Auge ausreißen sollten, wenn es uns zum Bösen verführt:

Und wenn dein Auge dir Anlass zur Sünde gibt, so reiß es aus und wirf es von dir! Es ist besser für dich, einäugig in das Leben hineinzugehen, als mit zwei Augen in die Hölle des Feuers geworfen zu werden. **(Matthäus 18,9)**

Mit deinem menschlichen Verständnis kann es sein, dass du diesen Vers wortwörtlich begreifst. Du wirst dir sicher kein Auge ausreißen, aber dieser Vers kann dich dazu bringen, die Bibel nicht mehr lesen zu wollen, weil diese Worte zu hart und grausam zu sein scheinen, wobei es sich um eine heilsame, aber bildhafte Empfehlung handelt. Nur der Heilige Geist wird dir seinen richtigen Sinn offenbaren. Es geht im Vers darum, auf etwas zu verzichten, wozu dein Auge dich verführt, es aufzugeben. Wenn dein Auge dich dazu bringen will die Frau eines anderen Mannes zu begehren, dann tu als hättest du das Auge nicht. Schau nicht hin. Ignoriere den Gedanken, der dich sonst zur Vollendung der Sünde führen würde, was deinen (geistlichen und vielleicht auch leiblichen) Tod zur Folge haben wird.

Du weißt auch, dass Jesus Christus auf dem Meer gegangen ist, als das Boot, in dem seine Jünger waren, wegen des Gegenwindes und der wütenden Wellen zu sinken drohte **(siehe Matthäus 14,22-33)**. Hier ist der Vers 26:

Und da ihn die Jünger sahen auf dem Meer gehen, erschraken sie und riefen: Es ist ein Gespenst!, und schrien vor Furcht. **(Matthäus 14,26)**

Ich habe von einem Gesandten Gottes, ich denke einem Pastor gehört, dass ein Mann das probiert hat, weil es in der Bibel geschrieben steht, dass wir alles schaffen und tun können, wenn wir an Gott glauben. Dieser Mann hat probiert wie Jesus Christus auf dem Meer zu gehen und ist gestorben.

Ich möchte dir durch diese Beispiele nur zeigen, dass **das Wort Gottes niemals ohne den Heiligen Geist gelesen werden soll**. Hätte dieser Mann den Heiligen Geist in sich, wäre er nie auf die Idee gekommen, so zu handeln. Allein das Motiv der Tat ist falsch. Jesus Christus tat dies, weil er das sollte, um seinen Jüngern zu helfen, nicht um irgendwelche Heldentaten zu zeigen oder jemanden nachzuahmen. Dieser Mann aber, der wie Jesus tun wollte, hatte keinen Grund dafür. Er handelte fleischlich und nicht geistlich. Und die Konsequenz musste er daraus ziehen.

Wir können keine Beziehung pflegen, wenn wir die Person, mit der wir sein wollen, nicht kennen. Deswegen ist es **unabwendbar, Gott kennenzulernen, wenn wir mit ihm sein wollen**. Er kennt uns sowieso perfekt, mehr als wir uns selber kennen. Wir brauchen ihn also nur noch unsererseits kennenzulernen. Und die **Bibel** ist ein **sehr wichtiger Kanal** dafür.

Die Bibel ist deine **spirituelle Nahrung**. Deinen Körper ernährst du. Er wird aber eines Tages verwesen. Dein Geist und deine Seele werden aber ewig existieren. Ihre Pflege ist also auch umso wichtiger. Wenn du die Bibel liest und danach handelst, wirst du geistlich stärker. Deinen geistlichen Hunger wirst du dadurch stillen können. Dieser geistliche Hunger umfasst alle Probleme und schwierigen Situationen, mit denen du konfrontiert bist und von denen du nicht befreit bist. Niemand – kein böser Geist kann über dich herrschen, wenn du mit dem Wort Gottes vertraut bist. Das Beispiel Jesu Christi in der Wüste möchte ich hierfür zur Veranschaulichung nehmen. Der Teufel hat ihn dort wenigstens dreimal versucht. Jedes Mal konnte er ihm aber mit dem Wort Gottes kontern, so dass er nie schwach vorm Bösen wurde. Lies Matthäus 11,1-11. Weißt du Bescheid, was Gott in seinem Wort generell und speziell *über dich sagt*, und hast du diese Wahrheiten – **Segen** und **Zusagen** parat, kann der Teufel nur versuchen, dich anzugreifen. Es wird ihm nie gelingen.

Alles wird dir hingegen gelingen, wenn du *täglich* in Gottes Wort liest, so wie Gott es Josua versprochen hat. Das gilt für dich genauso und für jeden, der Jesus Christus nachfolgt:

> *Über dieses Buch der Weisung sollst du immer reden und Tag und Nacht darüber nachsinnen, damit du darauf achtest, genauso zu handeln, wie darin geschrieben steht. Dann wirst du auf deinem Weg Glück und Erfolg haben.* **(Josua 1,8)**

> *Freue dich über den HERRN, und er wird dir geben, was du dir von Herzen wünschst.* **(Psalm 37,4)**

Unser **Erfolg im Leben** lässt sich nicht an unserem Fleiß, Wohlstand, Reichtum, Ruhm, Wissen, unserer Intelligenz, Weisheit, Gesundheit, Schönheit usw. messen, sondern an unserer Beziehung mit Gott, daran, dass wir ihn erkannt, **seine große Liebe** zu uns entdeckt haben und uns von derselben Liebe erfüllen lassen. Das hat also nichts mit eigener Leistung zu tun. Es ist vielmehr durch Gottes Kraft und Macht, die in seinem Wort enthalten sind, möglich. Verpasse dieses wunderbare Privileg nicht.

Deine Identität in Jesus Christus wirst du auch nur kennen, wenn du dich ihm im Wort näherst, denn dort spricht er direkt zu dir darüber. Gott sagt, dass er dich unendlich liebt, erschaffen, vergeben, auserwählt, gereinigt, geheiligt hat, damit du das Heil genießen kannst. Er kennt dich, bevor deine Eltern geplant haben, dich zu erzeugen, sogar vor der Schöpfung! Gott sagt, dass er dich wunderbar gemacht hat und unendlich liebt! Er hat gute Pläne für dein Leben!

Denn ich weiß wohl, was ich für Gedanken über euch habe, spricht der HERR: Gedanken des Friedens und nicht des Leides, dass ich euch gebe Zukunft und Hoffnung. (Jeremia 29,11)

Für eine Person, die unter einem Mangel an Vertrauen, Selbstwertgefühl usw. leidet, können diese Zusagen Gottes sehr ermutigend sein. Diese negativen Gefühle, die sie heimtückisch zerstören, stammen vom Bösen, der uns in unsere Gedanken ein verzerrtes Bild von uns schickt, damit wir ein erbärmliches Leben führen und nie das Leben haben, das sich Gott für uns wünscht. Die Bibel ist aber voll von diesen oben erwähnten heilsamen Wahrheiten, die wir leider nicht kennen werden, wenn die Bibel nur unsere Regale füllt oder gar nicht den Weg dahin findet. Wir sollen die Bibel erkunden, **Gottes Wahrheiten** über **uns aussprechen** und sie Gestalt in uns annehmen lassen. Nur so werden wir Gottes Herrlichkeit ausstrahlen und seine Pläne für uns erfüllen.

Ich spreche nicht nur über diese Wahrheiten, weil ich sie in der Bibel gelesen habe. Ich konnte selber die Erfahrung machen, dass Kraft in Gottes Wort enthalten ist. Ich bin ein Mensch, der sehr stark an einem mangelnden Selbstwertgefühl litt. Ich fühlte mich wie nichts, ungeliebt, wertlos. Wenn ich auf die Straße ging und sah, dass viele Leute dort sind, wo ich vorbeigehen möchte, nahm ich einen anderen Weg. Ich kann mich erinnern, wie ich einmal mit meinem Ex-Mann in ein Restaurant gegangen bin, wo es sehr viele Menschen gab. Ich konnte und wollte nicht mehr dorthin, weil ich Angst hatte, gesehen und angeschaut zu werden und dass die Leute über mich lästern. Ich wollte lieber wieder nach Hause. Letztendlich habe ich mich überwunden, es war aber ein Kampf. Er hatte mich dazu gebracht, doch mutig zu sein. Ich habe versucht, nicht an die Leute zu denken und bin gegangen.

Verse wie die oben zitierten, die ich über mich aussprach und mir aneignete, halfen mir später sehr. Vor Menschen konnte ich überhaupt nicht sprechen. Ich hatte so viel Angst, traute mich nicht und zitterte. Gott hat mir aber den Mund aufgetan und das Sprechen vor Menschen erleichtert. Alles ist mit Gott möglich. Ein Bibelvers gegen die Angst, der mir half, ist:

Denn Gott hat uns nicht gegeben den Geist der Furcht,
sondern der Kraft und der Liebe und der Besonnenheit.
(2. Timotheus 1,7)

Gottes Wort wird dir **Kraft, Mut, Freiheit, Weisheit, Intelligenz, Erkenntnis** und alles geben, was du benötigst, um den Alltag zu meistern. Unsere Misserfolge, Müdigkeit, unser Versagen erklären sich durch die Tatsache, dass wir uns anstrengen, etwas allein zustande zu bringen, das wir nur durch Gott schaffen können. Die Bibel sagt in diesem Sinne, dass die Bauleute das Haus umsonst bauen, wenn Gott nicht einbezogen ist:

Wenn der HERR nicht das Haus baut, so arbeiten umsonst, die daran bauen. Wenn der HERR nicht die Stadt behütet, so wacht der Wächter umsonst. **(Psalm 127,1)**

Wenn du das nicht probierst, alles in Gottes Hände zu lassen, und immer mehr versuchst, alles zu tun, kannst du auch nicht wissen, was du verpasst. Du wirst diese Zeilen nur lesen und denken: »Noch eine, die glaubt, die gute Kenntnis zu haben…« Wobei es sich um die reine Wahrheit handelt. Das kommt nicht von mir, sondern von meiner Beziehung mit Gott und mit dem Wort Gottes. Wenn du dich auf deine menschliche Wahrnehmung und Kraft stützt, wirst du an deiner Erlösung und vielen damit verbundenen Privilegien vorbeigehen. Die Menschen, die die Quintessenz des folgenden Bibelverses verstanden haben, werden in einem gleichen Zeitraum wie du das zweifache, dreifache, vierfache und sogar mehrfache an Leistung bringen in all ihren Unternehmungen:

Alles kann ich durch Christus, der mir Kraft und Stärke gibt. **(Philipper 4,13)**

Aus der Bibel wirst du alles schöpfen, was du für dein Leben benötigst. Dort werden uns unsere **Fähigkeiten**, die **Talente** und **Gaben**, die Gott uns gegeben hat, offenbart und er selbst hilft uns dabei, daran zu arbeiten und sie zu seiner Ehre zu entwickeln.

Gebet: Vater, ich habe gelesen und glaube, dass du in deinem Wort bist. Je mehr ich es lese, desto mehr nähere ich mich dir und kenne dich. Gib mir deswegen den Eifer und die Kraft, von deinem Wort meine tägliche spirituelle Nahrung zu machen. Im Namen Jesu Christi. Amen.

Fragen zum Kapitel:

1. Was ist die Bibel einfach erklärt, deiner Meinung nach und nach dem Lesen dieses Kapitels?
2. Nenne einige Gründe, warum du die Bibel lesen solltest. Sind bei dir Fragen diesbezüglich aufgetaucht/offen geblieben? Stell sie Gott.
3. Wie solltest du am besten die Bibel lesen? Was könnte passieren, wenn du dies nicht respektierst?

Tag 9

Wie erkenne ich Gottes Stimme in all dem Gewimmel in meinem Kopf?

Wie weiß ich, dass Gott und nicht der Teufel oder ich selber zu mir spricht? Wie unterscheide ich Gottes Stimme von meiner oder der des Bösen?
Nachdem ich über Gott, den Menschen und die Beziehung zwischen den beiden gesprochen habe, möchte ich nun mit dir über die Fähigkeit, Gott zu hören, nachdenken. Es ist ein sehr wichtiges Thema, das jeden neugeborenen Christen beschäftigt, der mehr mit und von Gott erfahren möchte. Aus diesem Grund möchte ich hier ein paar Ideen dazu niederschreiben, die auf meinen eigenen Erfahrungen basieren und die dir bestimmt hilfreich sein werden.

Dieses Kapitel wird dir dabei helfen, Gottes Gedanken über deine Situationen besser wahrzunehmen. Du wirst mehr verstehen, wie Gott zu dir spricht, also für die Stimme des Heiligen Geistes sensibel sein.

Wie du vielleicht schon weißt, spricht Gott auf verschiedene Art und Weise. Er spricht gewiss zu uns. Ja, sogar oft, aber wir achten nicht darauf oder wir nehmen seine Stimme nicht wahr, weil wir ihn nicht gut kennen.

*Gott spricht immer wieder, auf die eine oder andere Weise, nur wir Menschen hören nicht darauf! (**Hiob 33,14**)*

Gott spricht durch **Träume**, **Visionen**, die **Bibel**, **gesalbte Predigten**, **Lebenssituationen**, **Umstände**. Er spricht auch durch **Gedanken**, **beim Lesen und bei der**

Meditation seines Wortes, beim Gebet, durch Menschen, Hindernisse usw.

Etwas ist sicher: Wenn du an Jesus Christus glaubst und dich vom Heiligen Geist in allen Dingen leiten lässt, **hörst du sicher bereits von Gott.** Du merkst das nur vielleicht noch nicht oder glaubst, dass es nicht Gott sein kann, der zu dir spricht, weil es so banal (unspektakulär) scheint. Oft haben wir schon längst von Gott eine Antwort auf unsere Fragen und Bitten erhalten, eine Anweisung in einer Situation bekommen, das »Ja« oder das »Nein« zu einer Entscheidung gehört, aber wir wollen noch große Zeichen von ihm sehen oder ihn auf eine besondere Weise hören, weil wir unsicher sind, ob er es war, der mit uns sprach oder antwortete. Die Bibel sagt aber:

> *Der HERR ist nahe allen, die ihn anrufen, allen, die ihn mit Ernst anrufen. (Psalm 145,18)*

> *Rufe mich an, so will ich dir antworten und will dir kundtun große und unfassbare Dinge, von denen du nichts weißt. (Jeremia 33,3)*

Wenn du deinen Weg mit Gott gehst, spricht er zweifellos bereits zu dir. Du brauchst nur deine Beziehung zu Gott durch das Bibellesen und Gebete zu vertiefen, um sensibel für seine Art und Weise zu sprechen zu sein. Sehr wichtig ist es, ihm zu gehorchen, nicht zu meckern oder auf ihn zu schimpfen und ruhig zu bleiben, wenn auch er auf deine Fragen und Bitten nicht antwortet. Denn er wird bestimmt nicht reagieren, wenn du klagst. Gott hasst Klagen, weil es ein Zeichen des Unglaubens ist. Du gibst ihm so die Botschaft, dass du ihm nicht vertraust. Hier kann ich dir diese Empfehlung durch eine Erfahrung aus meinem eigenen Leben veranschaulichen, die ich nur letzte Woche machen konnte. Ich war auf der Suche nach einer Arbeit, die ich unbedingt brauchte, um die Mieten der nächsten Monate bezahlen zu können. Mit meinen Bewerbungen hatte ich keinen Erfolg. Aus diesem Grund hatte ich oft schlechte Laune und meckerte manchmal. Und ich hörte deswegen nichts von Gott. Warum behaupte ich, dass ich genau deswegen nichts von ihm hörte? Weil ich mich dann irgendwann entschied, nicht mehr an meine Situation zu denken. Ich war nämlich müde und komplett kaputt vom vielen Nachdenken ohne positives Ergebnis. Und dann? Genau an diesem Tag, nach dieser Entscheidung hatte ich einen klaren Traum, in dem ich klar sah, wie ich in einer Schule war, in der ich wahrscheinlich angestellt wurde. Dort begann ich tatsächlich zwei Wochen später zu arbeiten. Wenn du erwartest, von Gott hören zu können, sollst du somit sicher sein, dass du ihm in deinem Benehmen gefällst.

Hier gebe ich dir einige Tipps, die dir helfen sollten, zu wissen, ob der Gedanke in deinem Kopf von Gott ist, von dir oder vom Bösen:

Gott spricht durch seine Gebote

Es gibt klare Anweisungen, die es schon in der **Bibel** bzw. in den **Geboten** Gottes gibt, die wir befolgen sollen. Was die Gebote betrifft, soll man nichts hinterfragen.

Gott zu fragen, ob ich (Gläubige) einen Nicht-Gläubigen heiraten soll, wäre überflüssig, weil er uns in seinem Wort empfiehlt, nicht unter fremdem Joch mit Ungläubigen zu ziehen. (siehe 2. Korinther 6,14) Ich selbst habe erlebt, dass enorme Probleme entstehen, wenn der Partner nicht gläubig ist.

Von Gott zu erwarten, dass er mir sein Jawort gibt, wenn ich ihn frage, ob ich mich scheiden lassen soll, wäre eine Zeitverschwendung – Dies gilt natürlich nur für Ehen, die mit dem Einverständnis und Segen Gottes geschlossen wurden. Ob Gott deiner Ehe zustimmt, weißt du, wenn du mit ihm eine innige Beziehung pflegst und ihn in Gebeten nach seiner Meinung fragst. Nur in bestimmten kritischen Fällen, wie z.B. im Fall von Gewalt in der Ehe, wird Gott nicht wollen, dass eine solche Beziehung weitergeführt wird.

Du kannst Gott nicht fragen, ob du lügen sollst, weil er klar in seinem Wort sagt, dass das eine Sünde ist.

Gott spricht generell in Gedanken – auch während des Gebets und der Meditation seines Wortes

Wenn es zu deinen Fragen, deinen Erwartungen und Wünschen keine klare Antwort in der Bibel gibt, dann kannst du Gott fragen. Und er wird dir antworten. Achte aber auf seine Stimme. Wenn du betest oder über sein Wort meditierst, vergewissere dich, dass du frei von anderen Gedanken bist. Stell dir diese Situation vor: Du kennst die Stimme deines leiblichen Vaters. Er spricht mitten in einer großen Menge von Personen, die laut sind. Auch wenn du die Stimme deines Vaters erkennst, würde es nicht trotzdem schwierig sein, genau zu hören, was er zu dir sagt? Ich denke, ja. So geschieht es auch mit Gott. Und bei ihm kommt die Tatsache dazu, dass wir seine Stimme vielleicht nicht kennen. Aber wir können lernen, sie zu erkennen, indem wir eine **ernste Beziehung** mit ihm pflegen. Wenn du beim Gebet oder bei der Meditation seines Wortes unkonzentriert bist, wenn du gleichzeitig verschiedene Dinge tust usw., wirst du seine Antwort nicht hören können. Oder wenn die Antwort doch in deine Gedanken gekommen ist, könntest du nicht unterscheiden, ob sie von dir oder von ihm kommt. Du brauchst also **Ruhe, Konzentration, Aufmerksamkeit** und **keine Ablenkung** beim Gespräch mit deinem Gott und Vater. Auch mit unseren irdischen Eltern, Freunden, Bekanntschaften und Gesprächspartnern usw. gehen wir mit Respekt um. Wir hören ihnen aufmerksam zu. Und genauso soll es mit Gott passieren.

Es ist wichtig, **das Richtige im Gebet** zu sagen oder fragen. Das Gegenteil kann dazu führen, dass Gott nicht antwortet. Deswegen wurde uns der Heilige Geist gegeben, der uns dabei hilft, zu beten, da wir selber nicht wissen, was wir genau brauchen. **Beim Gebet sollst du auch frei von deinen menschlichen oder fleischlichen** Wünschen, **Träumen und Erwartungen sein. Du sollst loslassen und nicht erwarten, dass Gott dir zustimmt und unbedingt eine Antwort gibt, die du hören willst.** Wenn du im Voraus weißt, dass du deine Wünsche nicht loslassen willst, heißt es, dass du nicht zu beten brauchst. Wenn du in so einem Fall betest, ist es umsonst, denn du hättest schon die Antwort, die von dir selbst kommt. Das kann Gott daran hindern, dir zu antworten. Auch wenn Gott etwas sagen würde, wirst du das nicht hören wollen oder nicht wahrnehmen. Dann wärst du nicht vom Geist Gottes geleitet, sondern von deinem Fleisch.

Bist du im Gebet auf Gott fokussiert und nicht auf dich, dann kannst du leicht seine Gedanken für dich mitbekommen. **Du sollst auch nicht unbedingt oder gleich etwas von ihm hören wollen und es erzwingen.** Das Risiko bei dieser Haltung ist, dass du deine Wünsche und Gedanken mit denen Gottes verwechseln kannst. Gott wird vielleicht deswegen nicht zu dir sprechen wollen. Oder wenn er es doch tut, könntest du nicht genau seine Stimme – die Stimme des Heiligen Geistes hören, weil sie mit deiner gemischt sein wird. Das kann zum Wirrwarr in deinem Kopf führen. Das kann für dich am Ende frustrierend sein, denn du würdest so sicherlich deinem Weg folgen und denken, dass es Gottes Weg ist. Wenn du aber deinem Weg folgst, wirst du Problemen begegnen und scheitern. Sei also frei von all deinen Wünschen und auch gelassen, so wirst du bereit sein, Gottes Gedanken für dich zu empfangen.

Manchmal wirst du im Gebet oder bei der Meditation sein und **ein Gedanke kommt plötzlich** in deinen Sinn. Du weißt, dass du keinen Einfluss darauf hast, weil du alles Gott abgegeben hast, bevor du mit dem Gespräch mit ihm anfängst. Dann ist es oft Gott, der zu dir gesprochen hat.

Manchmal kommt auch **derselbe Gedanke** mehrmals in deinen Kopf. Es ist genauso ein Zeichen, dass Gott zu dir spricht. Klar, der Teufel kann einem auch wiederholt durch Gedanken sprechen. Aber du wirst es unterscheiden können, wenn du **mit einem reinen Herzen** vor Gott kommst. Wenn es vom Teufel kommt, wird es aufdringlich sein und du wirst womöglich keine Ruhe dabei haben. Kommt es aber von Gott, wirst du dabei eine innere Ruhe haben. Der Frieden im Herzen ist generell ein Indiz, dass Gott in einer Angelegenheit einbezogen ist und sie gutheißt. Wenn du nicht sicher bist, woher der Gedanke kommt, kannst du einfach dieses Gebet sagen:

Vater, ich weiß, dass dein Wille der beste für mich ist. Du hast mich geschaffen und hast Pläne für mich vorbereitet. Ich bitte dich, deinen Willen in meinem Leben geschehen zu lassen, weil ich mir nicht sicher bin, ob der Gedanke oder Wille, der oft in meinen Sinn kommt, von dir stammt. Leite mich durch deinen Heiligen Geist auf all meine Wege. So werde ich nicht fallen.

Wenn es sich bei dem Gedanken um eine Entscheidung handelt, die du treffen oder um etwas, was du tun willst und dessen du aber nicht sicher bist, wird es früher oder später passieren, wenn es von Gott stammt natürlich, wenn du dich vom Heiligen Geist leiten lässt und nicht von deinem Fleisch.

Gott spricht durch Träume und Visionen, aber sie können auch von uns selbst oder dem Bösen kommen

Wenn du im Plan Gottes für dein Leben bist und einen Traum hast, der in Einklang mit seinem Wort ist, wird sich dieser Traum früher oder später verwirklichen. Wenn der Traum nie geschieht, obwohl du mit ihm zusammen wandelst, dann kam er nicht von Gott, weil Gott nicht lügt:

Gott ist nicht ein Mensch, dass er lüge, noch ein Menschenkind, dass ihn etwas gereue. Sollte er etwas sagen und nicht tun? Sollte er etwas reden und nicht halten?
(4. Mose 23,19)

Paulus hatte eine Vision, in der ein Gefängniswächter in Mazedonien ihn zur Hilfe rief. Er folgte dieser Vision, weil er wusste, dass sie von Gott kam. In Mazedonien traf er tatsächlich einen Gefängniswächter, dem und dessen Familie er das Evangelium verkündigte. So wurde diese Familie gerettet (siehe Apostelgeschichte 16). Gott ist also ein Gott der Wahrheit. Genauso hat Samuel von Gott die Botschaft erhalten, dass er Saul – den er vorher sicher nicht kannte – treffen und ihn zum König salben wird. Und das geschah! (siehe 1. Samuel 9,15-17)

Aber hier solltest du vorsichtig sein! Im Fall von Paulus und Samuel wissen wir alle, dass sie von Gott berufen waren und unter der Führung des Heiligen Geistes wandelten. Wenn Gott dich nicht berufen hat und du solche Träume und Visionen hast und ihnen folgst, werden sie dich in dein Verderben führen. In diesem Fall kämen sie nicht von Gott, sondern von dir selbst oder vom Bösen, um dich in die Irre zu führen. Deswegen spreche ich von der Wichtigkeit und Notwendigkeit im Plan Gottes zu sein.

Träume, die von Gott kommen, können sich wiederholen, so wie es der Fall beim Pharao war, als er über die sieben reichen Jahre und die sieben Jahre Hungersnot träumte (siehe Genesis 41). Josef sagte ihm, dass Gott den Traum eilends und gewiss geschehen lassen wird, da er zweimal den Traum gehabt hatte (siehe Genesis 41,32).

Wenn du im Plan Gottes für dein Leben bist, also ein **reines Leben führst**, eine wichtige Entscheidung treffen willst und Gott fragst und du bekommst eine Antwort in einem Traum, einer Vision oder durch Gedanken, frag ihn noch ein zweites Mal, um zu bestätigen, ob es von ihm kommt. Bestätigt er es dir irgendwie, dann solltest du wissen, dass es wahrscheinlich von ihm kommt. Andernfalls kommt es von dir oder vom Bösen. Die Bibel sagt dazu:

> *Man sagt doch: »Wer zu geschäftig ist, träumt bald unruhig, und wer zu viel redet, sagt leicht etwas Dummes.«* **(Prediger 5,2)**

Ein Traum kommt nicht unbedingt von Gott. Vor allem, wenn wir zu viel über Situationen nachdenken und grübeln. Da tauchen diese Ideen in Träumen wieder auf und wir den-

ken manchmal, dass Gott dadurch spricht. Ich veranschau-
liche diese Wahrheit mit einem aktuellen Beispiel aus meinem
Leben:

Vor ein paar Monaten fragte ich mich und Gott, ob ich nach
Magdeburg fahren sollte. Ich hatte zwei Optionen: Entweder
in der Stadt bleiben, in der ich wohne, oder nach Magdeburg
ziehen, wo ich arbeite. Ich war mit meiner Wohnsituation
in der Stadt, in der ich bin, nicht zufrieden. Da träumte ich
tatsächlich in der Nacht, in der ich Gott gefragt hatte. Ich
sah mich in Magdeburg, in einer Unterkunft in einem Haus,
in dem ich schon war – von meinem Arbeitgeber bezahlt! –
und wo ich bleiben würde, wenn ich dorthin ziehen würde.
Zuerst dachte ich, dass der Traum von Gott kam. Gott gab
mir dann aber die Weisheit, ihn noch zu fragen, ob es wirklich sein Wille ist. Dann bekam ich über Tage keine Antwort
von ihm. Dies war ein Zeichen für mich, dass er das nicht
wollte. Einige Tage später zeigte es sich, dass es die richtige
Entscheidung war, nicht nach Magdeburg zu ziehen, weil
Gott einen anderen Plan für mich in der Stadt hatte, in der
ich bin, der sich verwirklicht hat.

Gott sagt in seinem Wort, dass wir uns nicht auf unseren
Verstand verlassen sollten:

> *Verlass dich auf den HERRN von ganzem Herzen, und
> verlass dich nicht auf deinen Verstand, sondern gedenke
> an ihn in allen deinen Wegen, so wird er dich recht füh-
> ren. (**Sprüche 3,5-6**)*

Wir sollen bei allen Angelegenheiten Gott die Steuer unseres
Lebens überlassen und nicht voreilig Entscheidungen treffen.
Nur er weiß, was gut für uns ist und wann! Somit ist Vor-

sicht bei Träumen geboten. Du solltest von Gott die Sicherheit bekommen, dass sie von ihm stammen, bevor du ihnen Glauben schenkst.

Gott will dir in seinem Plan für dich begegnen

Um Gott klar hören zu können, ist es sehr wichtig, dass du mitten in seinem Plan für dein Leben bist. Nehmen wir an, dass du dich von Gott berufen fühlst, bist aber mit einem Mann/ einer Frau zusammen, den/die Gott nicht für dich will. Oder du bist an dem falschen Ort. Oder du machst eine Arbeit, die er nicht für dich wünscht. Dann kann es passieren, dass du viele Gebete bezüglich deiner Berufung sprichst, ohne ein einziges Zeichen von Gott zu bekommen. In so einem Fall will Gott, dass du dir zuerst dessen bewusst wirst, dass du nicht mit diesem Partner, an diesem Ort, mit dieser Arbeit usw. seine Pläne verwirklichen kannst.

Gott spricht durch Menschen oder andere Kanäle

Du sollst lernen, aufmerksam auf den Heiligen Geist zu lauschen, ihn zu spüren. Er kann durch jeden Menschen Dinge kundtun. Wir Menschen sind Instrumente in den Händen Gottes. Vieles, was wir jeden Tag sagen, kommt von Gott und wir merken das nicht und denken, dass es von uns kommt – natürlich kommen auch Worte von uns oder vom Bösen. Und genau da liegt die Herausforderung: zu lernen und wissen, wann Gott spricht, um seinen Willen zu tun. **Frag Gott, dir die Weisheit und die Intelligenz zu geben, seine Stimme in jeder Situation zu erkennen. Er wird es tun.**

Es passiert manchmal, dass eine Person eine Entscheidung treffen oder etwas machen will, aber noch unsicher ist. In der gleichen Zeit hört die Person von anderen Menschen, die nichts über ihre Entscheidung oder Willen wissen, sogar von Unbekannten, dass sie diese Entscheidung treffen sollte. Gott kann so durch Menschen sprechen und manche unserer Wünsche und Pläne bestätigen. Von dieser Art und Weise, die Gott nutzt, um zu sprechen, habe ich vom Zeugnis einer von Gott gesalbten Frau gehört.

Gott nutzt sogar stumme Tiere, um seine Absichten zu verkünden. Diesbezüglich kannst du die Geschichte von Bileam in der Bibel lesen (siehe 4. Mose 22-24). Gott sagte Bileam ganz klar in einem Traum oder einer Vision, das Volk Israel nicht zu verfluchen. Aber Bileam wollte trotzdem eine Bestätigung von Gott erhalten, weil Balak, König der Moabiter, ihn dazu drängte, die Israeliten zu verfluchen. (In dem Fall hier muss betont werden, dass Bileam keine Bestätigung benötigt, weil Gott nicht wünscht, dass wir fluchen.) Als er mit seiner Eselin ging, weigerte sich diese, den Weg weiter zu gehen, weil sie einen Engel Gottes mit einem Schwert sah, der auf dem Weg stand und sie daran hinderte weiter zu gehen.

Gott spricht durch Umstände und Hindernisse

Ich habe in einem vorangegangenen Teil über Träume und Visionen ein Beispiel über mich zur Veranschaulichung von Antworten in Träumen erwähnt. Ein Zeichen, wodurch Gott mir zeigte, dass dieser Traum (ich träumte, dass ich in Magdeburg war), den ich hatte, nicht von ihm war, ist: In dieser Zeit hat es wahnsinnig viel geschneit. Es gab ein Schneechaos und Alarm, dass die Leute zu Hause bleiben sollten. Dieser Umstand war noch ein Beweis, dass ich diese Entscheidung vergessen sollte. Ich war mir sicher, dass ich nicht nach Magdeburg ziehen sollte. Es gab keinen Zweifel mehr über das Thema.

Im Fall Bileam sprach Gott durch Hindernisse, die die Eselin vor sich sah. Wenn Bileam den Heiligen Geist hätte wahrnehmen können oder eher wollen, hätte er bemerkt, dass der Weg nicht gut war und dass er zurückkehren sollte, vor allem wenn er daran gedacht hätte, dass Gott ihm in einer Nacht schon klar gesagt hatte, Israel nicht zu verfluchen.

Bist du also dabei, eine Entscheidung zu nehmen, die von Gott kommt, wird Gott das segnen. Statt, dass du vielen Hindernissen begegnest, wird alles eher leicht geschehen. Du wirst auch einen inneren Frieden dabei fühlen. Kein schlechtes Gewissen wird dich plagen. Alles, was von Gott stammt, gibt Frieden und innere Ruhe.

Du siehst, wie Gott sich durch alles Mögliche verherrlichen kann.

Manchmal sagt er uns, was wir wissen und tun sollten, aber wir wollen nicht hören, weil wir unsere eigenen Wege und Wünsche verfolgen wollen – und am Ende bedauern wir, weil wir die Konsequenzen ziehen müssen. Es kommt auch vor, dass wir unsicher sind, ob er es ist, der spricht. Dann sollten wir ihn weiter fragen, bis er eine Antwort gibt. Wenn nicht, sollten wir auch nichts tun oder unternehmen, sondern warten. Er wird uns sowieso nie dazu bringen, etwas zu tun, was seine Gebote verstößt. Wenn wir ihn lieben und ihm folgen und versehentlich etwas gegen seinen Willen tun, wird es sich immer zum Guten wenden:

*Wir wissen aber, dass denen, die Gott lieben, alle Dinge zum Besten dienen, denen, die nach seinem Ratschluss berufen sind. **(Römer 8,28)***

Wenn es dir schwer fällt, herauszufinden, ob deine Gedanken, Träume usw. von Gott kommen, dann pflege einfach deine Beziehung mit ihm durch Gebete, Bibellesen, das Leben in der Gemeinde, gehorche und vertrau ihm. Er wird all deine Schritte sicher lenken.

Gebet: Vater, danke für diese Worte, die mir dabei helfen, zu lernen, dich besser zu hören. Gib mir ein demütiges Herz, dass ich immer auf dich vertraue und Geduld, damit ich warten kann, bis du auf meine Anliegen antwortest. Im Namen Jesu Christi. Amen.

Fragen zum Kapitel:

1. Kannst du schon von Gott hören? Wenn ja, wie? Zähle oder schreib die Wege auf, welche Gott nutzt, um zu dir zu sprechen. Vergleiche sie mit denen in dem vorliegenden Kapitel. Was fällt dir auf?
2. Welche Haltungen sollen wir Christen haben, wenn wir Gottes Gedanken für uns wahrnehmen wollen?
3. Hast du schon einmal von Gott klare Antworten auf manche deiner Fragen/Bedenken erhalten? Wie fühlte es sich? In dem Fall, dass du noch keine Beziehung mit Gott pflegst und somit nichts von ihm hörst: Möchtest du es nun wagen?

Tag 10

Früchte der Beziehung mit Gott, Beispiele und eine Einladung

Vorteile der Beziehung mit Gott

In einigen Punkten kurz zusammengefasst erlaubt dir die Beziehung zu Gott:

- **ihn zu hören.** Du kannst ihn nur wahrnehmen, wenn du ihn kennst und mit der Art und Weise vertraut bist, wie er spricht. Ansonsten wirst du taub bleiben, auch wenn er redet.
- **mit ihm zu sprechen.** Du kannst ebenfalls mit ihm sprechen, aber nur, wenn du für seinen Heiligen Geist sensibel bist, ihn hören kannst und die Sprache der geistlichen Welt kennst. Das alles kannst du lernen.
- **klare Antworten auf Fragen zu bekommen.** Du kannst so genau unterscheiden, was Gott dir sagen will von dem, was du selbst denkst oder hören willst und was der Teufel dir einflößt.
- **zu wissen, was du in jeder Situation tun sollst.** Z.B. die richtigen Entscheidungen treffen, um später nichts zu bedauern, auch wenn deine Erwartungen nicht erfüllt sind.
- **Genesung, Befreiung, Lösungen für Probleme zu erfahren.** In Gott ist das Leben und somit alles zu finden, was wir für unser Wohlbefinden auf Erden brauchen. Wenn du mit ihm verbunden bist, fließen diese Segen in dich hinein und bleiben in dir. Du wirst die Sünde, Flüche

und alles loswerden, was nicht von Gott kommt und in deinem Leben herrscht.

Ich bin der Weinstock, ihr seid die Reben. Wer in mir bleibt und ich in ihm, der bringt viel Frucht, denn getrennt von mir könnt ihr nichts tun. (Johannes 15,5)

– **deine Gaben und Talente zu entdecken.** In jedem Menschen – auch Ungläubigen – sind Gaben verborgen, die durch die Beziehung mit Gott zum Schein kommen. Da Gott sie uns gegeben hat, können wir sie erst entdecken und entfalten, nachdem wir ihn als unseren Schöpfer akzeptiert haben und mit der Kraft des Heiligen Geistes in seine Nachfolge wandeln.
– **von der Kraft und Macht Gottes erfüllt zu sein.** Die bekommen wir nur vom Heiligen Geist. Aus ihr kommen die Früchte des Geistes und die Kraft der Gaben. Den Heiligen Geist empfangen wir auch erst, nachdem wir uns zu Jesus Christus bekannt haben.
– **dein Schicksal zu entdecken und zu erleben.** Das ist genauso das Werk des Heiligen Geistes, ohne den wir ziellos in dieser Welt umherirren und Gottes Plan für uns verpassen werden. Die Beziehung mit Gott wird dir Kraft, Mut und Macht geben, das zu tun, was du sonst allein nie schaffen würdest.
– **für andere Personen Lösungen für ihre Probleme zu finden.** Die Fülle des Heiligen Geistes in dir und über dich wird zu anderen Menschen um dich automatisch fließen und sie ändern, genesen, befreien, Durchbruch erleben lassen usw.
– **Gott ganz nah zu kommen und seine Reinheit und Herrlichkeit auszustrahlen.**

Während Jesus betete, veränderte sich sein Gesicht, und seine Kleider strahlten hell. **(Lukas 9,29)**

Ich hoffe, dass diese ausgeführten Früchte im Leben eines neugeborenen Christen und vor allem die Liebe zu Gott dir Ansporn geben, Gott immer näher zu kommen.

Die Beziehung mit Gott – Einige Beispiele aus der Bibel

Viele Bibelfiguren wie Jesus Christus selbst, Noah, Abraham, Mose, Josua, Samuel, David, die Jünger Jesu Christi usw., haben Gott gesucht, mit ihm Beziehung gepflegt und viele Wunder getan. Hiermit möchte ich zwei von ihnen erwähnen und anhand von kurzen Sequenzen ihres Lebens erzählen, wie sie ihre Wege mit Gott gegangen sind und Siege errungen haben.

JESUS CHRISTUS

JESUS CHRISTUS selbst, der Gott ist, ist das beste Beispiel, um die Beziehung zu Gott zu erklären. Du fragst dich sicher, wie man eine Beziehung zu sich selbst pflegen kann. Da möchte ich dir erklären, dass Gott nur Geist ist und kein Mensch. Jesus Christus war aber Gott, das heißt Geist, der auch Mensch geworden ist. In dem Moment, als er die menschliche Hülle angenommen hatte, brauchte er unbedingt die Beziehung zu seinem Geist, um heilig zu leben. Diese Beziehung manifestierte sich durch Gebete zu Gott Vater – durch Fasten, Gehorsam zu Gott usw. Wenn er diese Beziehung zum Heiligen Geist nicht hätte und wie wir Menschen gelebt hätte, die nicht einmal wissen, dass wir auch geistliche Wesen sind und den Geist in uns pflegen sollen, hätte er nicht als Gott gelebt. Er hätte sein Ziel verfehlt und die Menschheit nicht retten können. Die Beziehung mit Gott ist die Ernährung des Geistes. Ohne das kann der Geist nicht leben. Genauso wie du physisch nicht leben wirst, wenn du nicht isst, wirst du geistlich nicht leben, wenn du dich spirituell nicht ernährst – nicht eins mit Gott bist. In dieser verlorenen Welt mit den zahlreichen gottlosen Einflüssen durch die Medien und andere Quellen sind unsere Seelen Unreinheiten ausgesetzt. So kann aber niemand mit Gott eine Einheit bilden. Damit wir trotz unserer Präsenz auf dieser verdorbenen Erde heilig leben, hat uns Jesus Christus den Weg gebahnt, mit Gott vereint zu werden. Dieses Geschenk sollen wir schätzen und nutzen. Es ist die wertvollste Gabe, die wir von ihm erhalten können. Während seines ganzen Lebens ist Jesus Christus selber immer mit Gott verbunden geblieben. Er, der Gott ist! Wie viel mehr brauchen wir das, wir, die Sünder sind! Wenn Jesus Christus jeden Tag nur Reis, Salat, Nudeln, Kartoffeln, Früchte usw. gegessen hätte und geistlich untätig geblieben wäre, hätte er keine Wunder tun können. Er wäre nicht auferstanden, weil die Sünde ihn überwunden hätte.

In dieser Zeit verließ Jesus die Stadt und stieg auf einen Berg, um zu beten. Die ganze Nacht hindurch sprach er im Gebet mit Gott. **(Lukas 6,12)**

Dann verließ Jesus die Stadt und ging wie gewohnt zum Ölberg hinaus. Seine Jünger begleiteten ihn. Dort angekommen sagte er zu ihnen: »Betet darum, dass ihr der kommenden Versuchung widerstehen könnt!« Er entfernte sich ein kleines Stück von ihnen, kniete nieder und betete: »Vater, wenn es dein Wille ist, dann lass diesen bitteren Kelch des Leidens an mir vorübergehen. Aber nicht was ich will, sondern was du willst, soll geschehen.« Da erschien

ein Engel vom Himmel und gab ihm neue Kraft. Jesus litt
Todesängste und betete so eindringlich, dass sein Schweiß
wie Blut auf die Erde tropfte. Als er nach dem Gebet auf-
stand und zu seinen Jüngern zurückkehrte, sah er, dass sie
eingeschlafen waren, erschöpft von ihren Sorgen und ihrer
Trauer. Jesus weckte sie auf und rief: »Warum schlaft ihr?
Steht auf und betet, damit ihr der Versuchung widerstehen
könnt!« (Lukas 22,39-46)

Jesus betete sogar eine ganze Nacht! Auch bis sein Schweiß
wie Blut wurde. Weißt du, was das bedeutet? Jesus hatte eine
sehr innige Beziehung zu Gott. Er wusste, dass das LEBEN
in GOTT ist und dass er dieses LEBEN nur erlangt, wenn
er eng mit ihm verbunden bleibt. Es verhält sich wie mit
der Beziehung zwischen Mann und Frau. Wenn sie nicht
innig zusammen bleiben, wird ihre Beziehung nicht wirklich
funktionieren.

Wenn Adam und Eva nicht gegen Gott gesündigt hätten
und somit dem Teufel keinen Anlass gegeben hätten, in ihr
Leben einzudringen, würden wir heute nicht so leiden müssen, um mit Gott in Beziehung zu bleiben. Nun aber hat der
Teufel Macht, unsere Leben zu beeinflussen. Und er ist bereit,
alles zu tun, um uns daran zu hindern, dass wir wieder eins
mit Gott werden. Deswegen müssen wir ihm in unserer star-
ken Beziehung zu Gott, durch unsere Gebete, unseren Gehorsam usw. entgegenwirken. Nur dadurch können wir der
Versuchung widerstehen. Jesus selber konnte der Versuchung,
nicht sein Kreuz bis zum Ende zu tragen, nur widerstehen,
weil er Gott sehr nah war.

Die Beziehung zu Gott half Jesus dabei, dem Teufel die
passenden Antworten zu geben und die richtige Haltung zu
haben, als er ihn beim Fasten in der Wüste versuchte. Lies
dazu **Matthäus 4,1-11**.

Jesus sagte auch seinen Jüngern, als sie es nicht schaffen konnten, ein sprachloses Kind zu heilen, dass solche bösen Geister – die, die das Kind quälten – nur durch Gebet und Fasten ausgetrieben werden. Du siehst anhand dieses Beispiels, dass Wunder auch nur einer innigen Beziehung mit Gott folgen.

ABRAHAM

Wenn du die Bibel kennst, dich damit beschäftigst, über Bibelfiguren und ihre Heldentaten gehört hast, kennst du sicher ABRAHAM. Wenn du noch gar nichts von ihm gehört hast, dann ermutige ich dich dazu. Lies das erste Buch Moses (Genesis). Abraham ist eine der ersten großen Glaubensfiguren der Bibel. Er wurde von Gott berufen und ist ihm treu geblieben: Das heißt, dass er eine Beziehung mit ihm aufgebaut hatte. Lies diese Verse aufmerksam:

> *Der HERR sagte zu Abram: »Geh fort aus deinem Land, verlass deine Heimat und deine Verwandtschaft und zieh in das Land, das ich dir zeigen werde! Ich werde dich zum Stammvater eines großen Volkes machen und dir viel Gutes tun; dein Name wird überall berühmt sein. Durch dich werden auch andere Menschen am Segen teilhaben. Wer dir Gutes wünscht, den werde ich segnen. Wer dir aber Böses wünscht, den werde ich verfluchen! Alle Völker der Erde sollen durch dich gesegnet werden.« Abram gehorchte und machte sich auf den Weg. Er war 75 Jahre alt, als er Haran verließ. Mit ihm kamen seine Frau Sarai, sein Neffe Lot sowie alle Knechte und Mägde, die sie in Haran in den Dienst genommen hatten. Mit ihrem ganzen Besitz brachen sie in Richtung Kanaan auf. Als sie schließlich dort ankamen, durchzogen sie das*

Land, das damals von den Kanaanitern bewohnt wurde. Bei Sichem ließen sie sich nieder, in der Nähe der Eiche von More[1]. An dieser Stätte zeigte der HERR sich Abram und versprach ihm: »Ich werde dieses Land deinen Nachkommen geben!« Abram schichtete Steine auf als Altar für den HERRN, dort, wo Gott ihm erschienen war. Dann zog er weiter nach Süden zu dem Gebirge östlich von Bethel. Zwischen Bethel im Westen und Ai im Osten schlugen Abram und die Seinen ihre Zelte auf. Auch hier baute er einen Altar und betete zum HERRN. Dann setzte Abram seine Reise immer weiter nach Süden fort. (1. Mose 12,1-9)

Der HERR wandte sich Sara zu und machte sein Versprechen wahr, das er ihr gegeben hatte: Sie wurde schwanger und brachte einen Jungen zur Welt. Abraham wurde trotz seines hohen Alters noch einmal Vater, genau zu der Zeit, die Gott angegeben hatte. So kam es, dass Abraham und Sara endlich einen gemeinsamen Sohn hatten. Abraham gab ihm den Namen Isaak (»Gelächter«). Als Isaak acht Tage alt war, beschnitt Abraham ihn, so wie Gott es ihm aufgetragen hatte. Er war zur Zeit der Geburt 100 Jahre alt. Sara rief: »Gott lässt mich wieder lachen! Jeder, der das erfährt, wird mit mir lachen! Denn wer hätte gedacht, dass ich in meinem Alter noch Mutter werde? Abraham hat Jahrzehnte darauf warten müssen, aber jetzt habe ich ihm einen Sohn geboren!« Isaak wuchs heran, und als Sara aufhörte, ihn zu stillen, feierte Abraham mit seinen Leuten ein großes Fest. (1. Mose 21,1-8)

Abraham erlebte Großes mit Gott in seinem Leben, was nicht ohne Glauben und eine enge Beziehung mit Gott geschah. Er bekam im Alter von 100 Jahren das von Gott versprochene Kind **ISAAK** mit seiner Frau Sara, die 90 Jahre alt war. Siehst du, wie groß und mächtig unser Gott ist? Nur er kann ein solches Wunder tun! Er hatte Abraham und Sara ein Kind versprochen und es ihnen tatsächlich gegeben. Auch versprach er, ihnen das Land Kanaan, in dem sie Fremde waren, zu geben. Doch stellte er dafür eine Bedingung. Das Kapitel **1. Mose 17** beschreibt, was Gott von ihnen erwartete. Ich empfehle dir, das ganze Kapitel zu lesen. Hier führe ich einige Verse ein:

»... *Ich werde dir so viele Nachkommen geben, dass zahlreiche Völker daraus entstehen – sogar Könige sollen von dir abstammen! Dieser Bund gilt für alle Zeiten, für dich und für deine Nachkommen. Es ist ein Versprechen, das niemals gebrochen wird: Ich bin dein Gott und der Gott deiner Nachkommen, und ich gebe euch das ganze Land Kanaan, wo ihr bisher nur Fremde seid. Ihr werdet es für immer besitzen, und ich werde euer Gott sein. Doch auch du, Abraham, musst dich bei unserem Bund zu etwas verpflichten, und deine Nachkommen sollen sich ebenfalls daran halten: Alle Männer unter euch sollen an der Vorhaut ihres Gliedes beschnitten werden – als Zeichen dafür, dass ich mit euch einen Bund geschlossen habe und dass ihr treu dazu steht. Bei allen männlichen Neugeborenen soll die Beschneidung am achten Tag durchgeführt werden. Das gilt auch für eure Sklaven, egal ob sie bei euch geboren wurden oder ob ihr sie aus dem Ausland gekauft habt. So tragt ihr an eurem Körper das Zeichen des Bundes, der niemals aufhören wird. Wer sich nicht beschneiden lassen will, der hat sein Leben verwirkt. Er darf nicht länger zum Volk gehören, denn er hat den Bund mit mir gebrochen.« (1. Mose 17,6-14)*

Bei der Beschneidung handelt es sich vielmehr um die des Herzen. Gott meint damit, dass Abraham und die Menschen um ihn mit seinem Geist wandeln sollten, um immer in dem Genuss seiner Verheißungen und Segen für sie zu kommen. Gott ist Geist. Wenn er zu uns spricht, bezieht er sich vor allem auf den Geist. Wenn du also das Wort »Beschneidung« liest, habe in deinen Gedanken das Herz, die Liebe, den Glauben, die Weisheit, das Leben nach dem Geist Gottes. Abraham und seine Leute sollten sich an den Bund halten, den sie mit Gott schließen. Gott sprach immer von »Bund«, wenn er seinem Volk etwas verhieß. Er ist ein Gott der Ordnung, der Wahrheit und der Treue. Was er verspricht, das hält und tut er. Und das erwartet er auch von uns. Aus diesem Grund besiegelt er durch sein Wort und das seines Volkes, was er gesagt und verheißen hat. Wenn etwas von seinen Versprechen in unserem Leben nicht mehr zu sehen ist, liegt es immer daran, dass wir, und nicht er, den Bund mit ihm gebrochen haben. Und dieser Bruch des Bundes drückt sich in unserem Unglauben, Ungehorsam, unserer Rebellion, Trennung oder Scheidung von ihm aus. Abraham, seine Familie und Leute mussten auch die Regeln Gottes befolgen. Und die waren nicht schwierig. Sie sollten an Gott gebunden sein. Den Bund mit ihm sollten sie durch die Beachtung seiner Regeln aufrechterhalten. Andernfalls würden sie die Beziehung zu Gott brechen und seine Versprechen nicht mehr haben und genießen.

Stell dir vor, dass die Menschen von Gott alles erhalten, ohne ihn zu kennen und ihm die Ehre für alles zu geben. Was würde passieren? Sie würden es leicht und gut im Leben haben, daneben aber dem Teufel die Ehre geben. Denn wer nicht an Gott glaubt, ist – manchmal ohne es zu wissen, auf der Seite des Bösen. Hätte Abraham nicht Gott in seinem Herzen, hätte er darauf verzichtet, ihm zu dienen, zu ihm zu beten und ihm zu gehorchen, wäre sein Leben anders verlaufen. Gott hätte ihn für seine Pläne nicht nutzen können. Er wäre anderen »Göttern« nachgelaufen und hätte ihnen gedient. Denen wäre er nützlich gewesen. Sein Leben wäre aber miserabel verlaufen und er wäre jetzt nicht im Himmel. Jesus Christus wäre auch nicht durch ihn gekommen. Die Beziehung mit Gott bringt uns dazu die Pläne Gottes für unser Leben und das der Welt verwirklicht zu sehen. Nur dadurch können Menschen nach ihrem irdischen Aufenthalt zu Gott, ihrem Schöpfer, Erlöser, Tröster und Vater zurückkehren.

Willst du nun Gott kennenlernen und mit ihm Gemeinschaft pflegen?

Ich hoffe, dass du sagst: Ja; ich will! Denn Gott ist dein Schöpfer und du brauchst ihn unbedingt, um ein erfülltes Leben auf Erden genießen zu können. Wurde dein Herz berührt, vielleicht ganz leise? Sodass du spürst: Ich habe eigentlich keine Entschuldigung mehr, um meinen Unglauben zu begründen. Wenn du bereits gläubig bist, hat dir dieses Buch vielleicht geholfen, Gott mehr zu verstehen und ihm näher zu kommen. Bist du nicht gläubig, willst aber mit Gott eine Beziehung anfangen, dann empfange jetzt Jesus Christus in dein Leben. Es lohnt sich nicht, diese Entscheidung auf morgen zu verschieben, weil du morgen nicht kennst. Morgen gehört Gott. Und Gott sagt dir, heute dein Herz zu öffnen und nicht morgen:

Darum gilt, was Gott gesagt hat: »Heute, wenn ihr meine Stimme hört, dann verschließt eure Herzen nicht wie eure Vorfahren, als sie sich erbittert gegen mich auflehnten.«
(Hebräer 3,15)

Die zahlreichen Menschen, die über Gott sprechen, ihre Zeit nutzen, um ihm zu dienen, haben Gott erfahren und wissen, dass Gott wirklich existiert. Aus diesem Grund sind sie für ihn engagiert und wollen, dass alle Seelen gerettet werden, wie ihre auch erlöst wurden! Sie haben aber geglaubt. Ohne Glauben kannst du also nicht zu Gott kehren. Wenn Unglauben in dir herrscht, du spürst irgendwie trotzdem aber, dass Gott existieren könnte, dann ermutige ich dich dazu, ihn zu suchen. Warte auf ihn und bleib nicht tatenlos. Bete zu ihm, dass er sich dir offenbart. Lies sein Wort, die Bibel. Besuche eine lebendige gesalbte Gemeinde. Sie sind für alle Menschen immer offen. Wenn du Gott unaufhörlich und mit aufrichtigem Herz suchst, wird er sich dir früher oder später zeigen. Dass du dieses Buch liest, ist kein Zufall. Gott spricht zu dir dadurch.

Du solltest aber nicht nur zu Gott aus einem bestimmten Interesse heraus kommen – z.B., weil du krank bist oder die Lösung zu einem Problem haben willst. Das wäre nicht »Gott suchen«, sondern »dein Interesse verfolgen«. Das will Gott nicht, denn so wirst du dich von ihm abwenden, nachdem du das hast, was du von ihm wünschst. Gott ist Liebe, er liebt uns unendlich und will auch, dass wir ihn lieben. Nicht, weil er egoistisch ist, sondern, weil wir ohne diese Liebe zu ihm verloren sind. Er braucht uns nicht, um zu leben, wir aber ihn.

Gebet: Lieber Vater, offenbare dich mir. Ich möchte mehr über dich erfahren. Hilf mir dabei, an dich zu glauben, die Beziehung mit dir zu wagen und in dir zu wachsen, damit ich ein Licht für die Welt sein kann. Im Namen Jesu Christi. Amen.

Fragen zum Kapitel:

1. Welche sind, kurz zusammengefasst, die Vorteile einer Beziehung mit Gott?
2. Wie inspiriert dich Jesus Christus?
3. Wie ist nun dein Verständnis von Gott? Möchtest du es wagen, ihn zu suchen?